河北民俗文化丛书

武安傩戏

○ 李恩佳　常素霞　主编
◎ 杜学德　编著

科学出版社
北京

图书在版编目（CIP）数据

武安傩戏／杜学德编著．—北京：科学出版社，2010
（河北民俗文化丛书／李恩佳，常素霞主编）
ISBN 978-7-03-029328-2

Ⅰ.①武… Ⅱ.①杜… Ⅲ.①傩戏－简介－武安市 Ⅳ.①J825.7

中国版本图书馆CIP数据核字（2010）第207289号

责任编辑：张亚娜／责任校对：陈玉凤
责任印制：赵德静／装帧设计：北京美光制版有限公司

科学出版社 出版
北京东黄城根北街16号
邮政编码：100717
http://www.sciencep.com

北京佳信达艺术印刷有限公司 印刷
科学出版社发行 各地新华书店经销

*

2010年12月第 一 版　开本：787×1092　1/16
2010年12月第一次印刷　印张：8 3/4
印数：1—3 500　　　　字数：205 000

定价：80.00元
（如有印装质量问题，我社负责调换）

《河北民俗文化丛书》编委会

主　任：张立方
副主任：谢　飞　　谷同伟　　李恩佳
委　员：常素霞　　郭瑞海　　韩立森　　李耀光
主　编：李恩佳　　常素霞
编　著：杜学德

序

  民俗文化源于民众生活，其内容丰富，形式多样，承载着广博的历史文化信息，是中华民族优秀传统文化的重要组成部分，是人民群众勤劳智慧的写照，也是农耕社会给我们留下的宝贵财富。

  河北古称燕赵，是中华文明的重要发祥地，山河壮美，人文荟萃，悠久醇厚的民俗文化孕育了丰富多彩的民间艺术。其中，蔚县剪纸、衡水内画、武强年画、曲阳石雕等，均为闻名世界的河北民间艺术。其他如陶瓷、泥塑、脸谱、皮影等，也为市井百姓所喜闻乐见。

  我省的传统民俗文化积淀丰厚，民间艺术不乏精华，近年来颇受各界的关注。虽然衡水内画、蔚县剪纸等一批民间艺术得到传承发展，但有些民间艺术却日渐式微，显得弥足珍贵，需要我们下大力气去保护。因此，民俗文化以及民间艺术的抢救和保护工作任重道远。今天，我们欣喜地看到河北省民俗博物馆已经有了一个良好的开端，他们集中各方面的力量，把我省的优秀民俗文化进行挖掘、整理，分门别类地推荐给广大读者，这是一项十分有意义的工作。

  河北省民俗博物馆编的《河北民俗文化丛书》的出版，对于进一步研究河北的民俗文化、推广河北民间艺术、培养民间艺人队伍，将会产生积极的影响；同时对于宣传河北、构建和谐社会，促进文化事业的发展也必将会起到推动作用。

  目前，我们省的文化遗产保护工作越来越受到广泛关注，保护民

间艺术则是我们义不容辞的责任,更是我们每一位燕赵儿女割扯不断的情感。

最后祝贺《河北民俗文化丛书》的出版,希望全省文博界在中华崛起和文化繁荣的大背景下,在"传承文明,保护遗产,弘扬民族精神"的工作中,取得更加辉煌的成果。

河北省文物局　局长　张立方

感受生活之美

　　河北是中华文明的发祥地之一，由于其特殊的地理位置，自古以来，这里的先民们就以博大的胸怀与周边地区的农耕文化、草原文化以及北方少数民族文化汇集交融，从而形成了奇特而绚丽的河北民俗文化，并渗透到人们的日常生活当中。尤其是民俗文化中的一些物质载体——民间艺术，愈来愈表现出他那雄健的底蕴和诱人的魅力。

　　追溯历史，感受生活。在这块土地上，由剪纸、皮影、年画、傩戏、杂技等组合串联起来的如织美景，曾给人们带来无数的梦幻与想象，也给人们的生活增添了无限的快乐和幸福。无论是那别致的造型、浓艳的色彩，还是那鬼斧神工般的工艺技巧，它们均深深地蕴涵了河北人的认知和向往，蕴涵了河北人的聪明和智慧，同时也真实地反映了当时当地的人们的真实生活面貌，体现了人们对美好生活的企盼和追求。尤其是每件作品，不仅具有浓郁而熟悉的民间生活气息和顽强的生命活力，而且其文化内涵也深深的蕴藏、根植在了人们的心底。

　　虽然有些作品已经历了千百年的风风雨雨，身上留下了时间的印痕，然而流逝的岁月并没有褪去她昔日的光彩，却给她增添了新的魅力。即便是在今日现代化经济大潮冲击下，民俗文化或曰民俗艺术无法避免潮水的冲刷，但是人们骨子里那浓郁的传统文化血脉，依然在流淌……

武安傩戏
WU'ANNUOXI

  古老的艺术，美好的理想，让我们尽情地漫步在河北民俗文化的百花园中，静静地欣赏，慢慢地品读：那灵动的唐山皮影，精巧的蔚县剪纸，浓艳的武强年画，绝妙的吴桥杂技，神秘的武安傩戏，凝重的曲阳石雕，光怪陆离的河北陶瓷……美轮美奂，不知不觉已陶醉其中。

  生活是美好的，用艺术装点的生活更是美好的。对于相沿成习的河北民俗文化，作为一名文化（文物）工作者，唯能对其蕴涵的民族精华继承发扬，以充实我们当代的艺术创作，美化我们的生活环境，增强我们的民族情怀，构建和谐社会，并使其焕发出新的生机。这是我们的责任，也是我们编写这套丛书的意义所在。

河北省民俗博物馆　馆长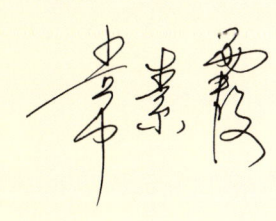

武安傩戏
WU'ANNUOXI

目 录

- 序
- 感受生活之美

中国傩戏概说
- 一 中国傩文化的起源与演变 2
- 二 傩戏的产生及我国各地傩戏概况 11

中国面具的发展与当代傩面具概况 29
- 一 中国面具的发展概况 30
- 二 当代傩面具 36
- 三 武安傩面具及其种类 39

武安傩戏的祭祀与演出 45
- 一 武安市固义村概况 46
- 二 武安傩戏祭祀演出的筹备工作 51
- 三 祭祀与傩戏演出盛况 57
- 四 武安傩戏演出的节目 73
- 五 祭祀与傩戏演出中的特殊角色——长(掌)竹 84

武安傩戏中的队戏、脸戏与赛戏 87
- 一 队戏 89
- 二 脸戏 98
- 三 赛戏 102

武安傩戏在我国傩戏中的地位和主要的恢复、传承人 107
- 一 武安傩戏在我国傩戏中的地位 108
- 二 武安傩戏的主要恢复、传承人 112
- 三 武安傩戏传承保护大事记 117

- 附录一 正月十五日武安市固义村傩戏演出路线图 123
- 附录二 武安傩戏中尚未恢复的祭祀和演出节目 124
- 附录三 武安市白府村傩仪《拉死鬼》 124
- 参考书目 128
- 后记 129

武 安 傩 戏
WU'ANNUOXI

中国傩戏概说

傩，在古代是先民驱除疫鬼的一种巫术仪式，最初是黄帝氏族图腾崇拜的一种舞蹈，到后来才逐渐变成打鬼跳神。

一　中国傩文化的起源与演变

傩，又称"驱傩"或曰"傩祭"，它的渊源非常久远，大约始于原始社会晚期。到商周逐步形成固定的制度，特别是在周代还将驱傩纳入了"礼"的范畴，每年都要举行盛大的傩祭。汉代以后，傩祭的规模日益扩大，并由中原向四方传播。同时，在与各地区、各民族文化融汇的过程中，又被赋予了新内容。

湖北曾侯乙墓内棺上方相氏图像

（一）傩源于原始巫术

在史前时代，原始先民在遭遇地震、洪水、火山喷发、流行疫病等自然现象和灾害时，由于难以解释其发生的原因，便认为这些现象的背后，都有一种超自然的力量在发挥作用。这就是古人原始思维中的"万物有灵"观念。比如人的行动，就是由灵魂支配的。人死后其灵魂离开躯体而变成鬼，鬼魂可以游荡于宇宙空间。他的后人（晚辈）若善待之，就能得到他的佑护；若不善待，便要受到加害甚至累及后人。随后进而认为，中青年的横死、强死、凶死等非正常死亡者，大多会变为厉鬼，即恶鬼。这些恶鬼，因不甘于自身的死亡，所以会千方百计报复祸害世人。《礼记·祭

》从某一家族是否有后人祭祀的角度,把厉鬼分为泰厉、公厉和族厉三个等级。唐代孔颖达对此作疏云:"古帝王无后者为泰厉,古诸侯无后者为公厉,古大夫无后者为族厉。"人们还认为,没有后人祭祀的鬼魂也会祸害世人,因此亦称厉鬼,由此便产生了善鬼和恶鬼观念,进而产生了善待善鬼、驱除恶鬼的观念和行为。

由于原始社会生产力低下,先民们的衣食、居住条件恶劣,尤其是疫病常给人们带来极大的威胁。在他们对疫病不能抵御,又不能作出科学解释时,便认为是疫鬼作祟的结果。晋代干宝《搜神记》卷十六记载:"昔颛顼氏生三子,死而为疫鬼;一居江水为疟鬼;一居若水为魍魉鬼;一居人宫室,善惊人小儿,为小鬼。"古人推而广之,便认为洪水是水鬼造成的,旱灾是旱魃鬼招致的等。

战国楚国锦瑟上的巫师形象

原始先民在生存、进化过程中,曾经历过漫长的巫术时代,因此人们认为,通过某种与疫病、灾异有关联或无关联的巫术仪式,就能达到祛病除灾的目的。于是先民们为了驾驭自然、抵御疫病及各种灾异,就要积极地与主宰疫病的疫鬼和带来灾异的恶鬼进行斗争。具体做法主要包括斩杀、烧死、淹死、埋掉、驱赶恶鬼等。随之,表现这种做法的具体行为或仪式便应运而生,这就是傩仪。傩仪,最初就是以巫术的形式出现的。

文献记载,距今4000多年前,生活在今陕西渭水上游的黄帝氏族逐渐东迁,最后定居在今天的河北涿鹿一带。《事物纪原》卷九引《轩辕本纪》称:在迁徙的路途上,黄帝的元妃嫘祖患病而死。黄帝遂命"次妃嫫母监护,因置方相,亦曰防丧"(防丧即方相氏)。从此方相氏就成为丧葬仪式中驱祟和执掌宫廷傩仪的职官。《周礼·夏官》称他为:"掌蒙熊皮,黄金四目,玄衣朱裳,执戈扬盾,帅百隶而时难,以索室殴疫。大丧,先柩,及墓,入圹,以戈击四隅,殴方良。"(引文中的"难"字即"傩"字)。方相氏手掌上蒙着熊皮,头戴有四只眼睛的铜面具,身穿黑色长

漆棺上的羽人图（春秋战国）

磁县东魏茹茹公主墓壁画方相氏

衣，红色下裳，一手持戈，一手挥动盾牌，率领一百个下属例行傩仪，以便搜索宫室，驱除疫鬼。遇上大丧仪式时，先在灵柩前守护，到墓地后，则跳入墓圹中，挥戈刺向墓圹四角，刺杀伤害死者的魑魅魍魉。说明周代宫廷傩仪是为驱除疫鬼，而在葬礼中则要刺杀伤害死者的鬼魅。河北省磁县东魏茹茹公主墓中便出土有萨满巫师陶俑，在壁画中还有面目狰狞、向前追逐的猛将，据说此即逐鬼的方相氏。

萨满巫师陶俑（磁县东魏茹茹公主墓出土）

（二）面具是傩的基本特征

面具是原始人类混沌思想的物质产品，是人类社会发展到一定阶段的产物。原始先民为了征服自然、战胜敌人、沟通鬼神，从而发明了面具。考古材料显示，用于驱傩活动的面具，早在新石器时代就已经出现，如河北易县北福地遗址出土的陶面具，距今8000年左右，就是较早的实物资料。

原始先民认为，疫鬼等魑魅魍魉是非常凶恶的，要想战胜并杀死它，必须比它更雄猛，因此，头戴一具狰狞的面具便能使自己具有了超乎寻常的力量。从此，头戴面具便成为傩的基本特征（但后世戴面具的不一定就是傩）。

陶刻人面具（新石器时代 河北易县北福地遗址出土）

新石器时代人面石雕（武安市赵窑遗址出土）

面具的起源历史悠久，并与原始先民的狩猎活动、图腾崇拜、部落战争、巫术仪式等诸多因素有关。狩猎时期的原始先民为了多捕获猎物，有时要头戴猎物的头，身披猎物的皮，装扮成猎物模样隐藏在猎物常出没的地方，以迷惑、接近猎物并射杀、捕获之。某种动物的肉为先民充饥，皮能御寒。随后，先民们逐渐认识到此种动物与本部落的生存关系重大，于是把它当做本部落的崇拜物，甚至成为部落的标志和图腾崇拜物。部落之间征战时，认为凭借有部落图腾崇拜物旗帜，或者装扮成图腾崇拜物，就能产生超现实能力而战胜对方。庆祝战争胜利，或者狩猎多获，祭祀鬼神时也装扮成图腾崇拜物舞蹈欢呼或祭拜。这种装扮，既戴假头，又披兽皮，是一种假形。后来逐渐演变为假头、假面、面罩、面像等形状，统称为面具。

玉冠状饰（良渚文化 1986年浙江省余杭县长命乡雉山村反山墓地出土）

邯郸市博物馆收藏有武安市赵窑村出土的仰韶文化石雕人面像，头顶部有用来穿绳的孔，可以挂在某处。在史前时代琢

良渚文化玉牌饰及线描图

良渚玉器"觋骑兽事神徽"及线描图

武安傩戏

金面具（成都金沙村遗址出土）

兰陵王面具

磨工具非常原始落后的情况下，琢磨出这样一件石雕人面像，并有穿孔，可想难度之大。他们之所以一定要琢磨出这种造型，必定有其特殊的审美需求和社会功能：或为纪念部落首领，或是辟邪驱祟等仪式所需求的特定形象。我国最早的玉器面具图案出现在距今5000多年前的良渚文化墓葬玉器上的"觋骑兽事神徽"，觋的面孔为倒立梯形，大冠的左、右、上三面结扎着蓍草。这就是一种"魌"头，亦即面具。巫觋在举行事神仪式时，戴上这种面具，就不再是他本人了，已经成为人神之间的使者，具有了通神的超凡力量。有专家认为，这种人与兽面的复合图像，即"戴着面具的巫师同兽面的结合"。

值得注意的是，史前文化的内蒙古阴山岩画中，既有形象可怖的骷髅，又有奇形怪状的鬼面、神面，其中有的可能就是对举行驱鬼仪式时所戴面具的描摹。在商代文献记载的众多祭祀仪式中，其中就有一种是驱除疫鬼的仪式。1986年在四川广汉三星堆商代祭祀坑中出土的金、铜

贵州地戏面具（木质）

鎏金铜面具（四川三星堆遗址出土）

藏族面具（铜）

武安傩戏角色

福建面具（纸）

面具，很可能都属于这一范畴。

用面具或者猛兽造型增加威慑力量或者辟邪的观念一直延续到后世，甚至现在。南北朝时北齐大将、被封为兰陵王的高肃因面相太善而戴面具指挥作战，后来的《大面》舞表现的就是此事。《大面》舞流传到日本，所以这种兰陵王面具在日本保存下来，在我国却早已失传了。在河北临漳县邺城出土的北朝陶制建筑装饰构件中，也有用于避邪的兽面图案。

在古代，制作面具的材质有皮革、麻、石、玉质、木质、铜、金质等；现代又有纸质、树皮、竹节、竹根、稻草编织的面具，但以木质居多。现代各地傩戏面具以木质彩绘居多，河北武安傩戏面具为纸质假头类面具。

（三）傩的发展演变

傩，是我国古代一种流传极广的文化现象，也是古代非常盛行的一种岁时巫术仪式，其主要特征是"面具跳神"。

根据文献记载，每年的驱傩仪式，基本都在气候转换，阴气和阳气交替的季春、仲秋和冬季时举行。其中季春和仲秋的驱傩活动只有天子、大臣、贵族可以参加，季冬的驱傩仪式才

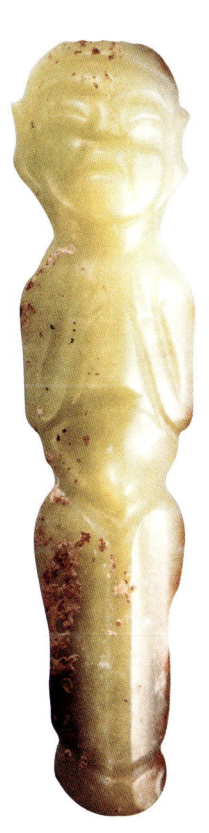
玉人（红山文化 辽宁朝阳牛河梁遗址出土）

下及庶人。平时人们遇到祸灾丧事，也可以随时举行傩事活动，只是规模较小，参加人数较少罢了。

根据专家们的研究成果来看，驱傩活动早在新石器时代就已出现，商周时成为定制，而方相氏则成了驱傩仪式中的开路神。其原型，很可能是被神化的蚩尤。相传蚩尤相貌丑怪，狰狞可怖，但勇武超群，善于征战，是三苗的先祖或曰九黎部族的领袖。黄帝战败蚩尤后，曾利用蚩尤的巨大威望为自己服务。另外，由于当时天下扰乱不宁，"黄帝遂画（化）蚩尤形象以威天下"。随后，方相氏便成了古人驱傩仪式中的主要人物。

春秋时期的傩仪，我们可以从孔子的《论语》中得知那时百姓普遍参与的乡傩的信息："乡人傩，朝服而立于阼阶。"意思是说，举行乡傩时，他穿着朝服站立在东边的台阶上。

西汉戴胜编著的《礼记·月令》中记载，春秋战国、直至秦汉时期，每年要举行三次傩仪：季春之月，"令国傩，九门磔禳，以毕春气"，意思是，三月，命令都城的百姓举行驱逐疫鬼的傩仪，在都城九门外举行杀牲之祭，消除灾害，以此制止春季不正之气；仲秋之月，"天子乃傩，以达秋气"，意思是，八月，天子举行傩祭，以引导秋气通畅；季冬之月，

河南密县东汉画像石方相氏　　山东沂南县东汉画像石方相氏

"命有司大傩,旁磔",意思是,十二月,命令有关官员举行大规模傩仪,在国门旁杀牲祭神,制作泥牛送寒气,以驱阴气、逐厉鬼。

关于东汉时期的大傩仪式,《后汉书·礼仪志》中记载:"先腊一日,大傩,谓之逐疫。其仪:方相氏黄金四目,蒙熊皮,玄衣朱裳,执戈扬盾。十二兽有衣毛角。中黄门行之,冗从仆射将之。以驱恶鬼于禁中。"十二兽都是宅中主神,各有名称,各吃一种鬼魅:甲作食"𣧑",胏胃食虎,雄伯食魅,腾简食不祥,揽诸食咎,伯奇食梦,强梁、祖明共食磔死、寄生,委随食观,错断食巨,穷奇、腾根共食蛊。

段安节所著《乐府杂录》中记载唐代傩仪时写道:"傩用方相四人,戴冠及面具,黄金为四目,衣熊裘,执戈扬盾,口作'傩傩'之声,以除逐也。右十二人,皆朱发,衣白画衣,各执麻鞭,辫麻为之,长数丈,振振声甚厉,口呼各凶神名。"

从上述记载中可以看到,唐代以前各朝代的傩仪都有一定变化。比如方相氏,有一个和四个的不同,其他方面,比如方相氏所持器械,则有盾与戈、钺、大鼗、鼙鼓等不同,方相氏所率领的侲子数量也不同。西汉以前国家每年举办三次,而东汉时期则改为每年腊月一次。驱除疫鬼、厉鬼外,还包括其他鬼魅邪祟。但方相氏戴黄金四目的面具却是相同的。

到了宋代,傩仪由原始走向世俗,变化更大。方相氏变异为琉璃鬼、开路鬼;侲子不见了,变成了钟馗、小妹、土地、灶神等道教神灵和民俗

江西乐安县流坑村从宋朝至今都在祠堂举行祭祖仪式

神灵。宋代孟元老《东京梦华录》卷十"除夕"记载:"至除日,宫中呈大傩仪,并用皇城亲事官。诸班直戴假面,绣画色衣,执金枪龙旗。教坊使孟景初身品魁伟,贯全副金镀铜甲装将军。用镇殿将军二人,亦介胄,装门神。教坊南河炭丑恶魁肥,装判官。又装钟馗、小妹、土地、灶神之类,共千余人。自禁中驱祟出南熏门外龙湾,谓之埋祟而罢。"说明当时的大傩仪式已改在除夕日举行,其目的也由过去的"逐疫"扩大为"埋祟",即掩埋一切邪祟。皇城亲事官和教坊使等官员、宫廷艺人的参与,使宫廷大傩仪式更增加了乐舞、杂剧成分,观赏性和娱人作用进一步加强。这是傩文化发展演变进程中的重要趋势。

另一重要趋势就是更加走向民间社会的各个层面。各地的历史、地理、风俗、信仰等人文背景不同,因而孕育出的傩祭仪式也形形色色。河北邯郸县、隆尧县旧时丧葬仪式的出殡队伍前,要租赁一个站立在有四个小轮子上的开路鬼,其骨架是木头的,外面罩着外衣,在人的推动或拉动下前行;在轮子震动和机关作用下,开路鬼挥舞手中的刀剑。这种现象是方相氏在后世的变异。石家庄市井陉县农村流传的傩仪《撑虚耗》,驱赶的是耗尽家中钱财的虚耗鸟。河北临漳县西街流传的《撑花》中有一出

河北临漳《撑花》中的琉璃鬼斗妖婆

《琉璃鬼斗妖婆》，琉璃鬼应是方相氏在后世的衍变；妖婆、妖道则是在人间作恶而被捉拿的对象。武安市白府村流传的傩仪《拉死鬼》，捉拿并烧死的是无后人祭奠，滞留村中为害人和牲畜的野鬼，即厉鬼。2006年12月在河北曲周县农村发现的民间社火节目《聚英叉会》，表演中要捉拿、处置的野灵鬼，也应是无后人祭奠的野鬼，即厉鬼。由此可见，从古至今，驱除恶鬼，保佑平安，一直是民众百姓极为重要的事项，也是人们生活中极为重要的活动之一。

二 傩戏的产生及我国各地傩戏概况

（一）傩戏的产生

探讨傩戏的产生，首先要了解中国戏剧及其起源。戏剧是一项综合艺术，是融合诗歌、音乐、舞蹈、绘画、雕塑、武术、杂技等的众长，而形成的一项独立的艺术形式。关于它的起源，我国近代学者王国维在《宋元戏曲史》中提出，戏剧源于古代巫觋祭祀。对于这一观点，近30年来得到

十二神兽舞

不少研究者的认同。他们认为，先秦时期为戏剧的萌芽期。《诗经》里的"颂"，《楚辞》里的"九歌"，就是祭神时歌舞的唱词。从春秋战国到汉代，在娱神的歌舞中逐渐演变出娱人的歌舞。汉魏到中唐，又先后出现了以竞技为主的"角抵"（即百戏）、以问答方式表演的"参军戏"和扮演生活小故事的歌舞"踏摇娘"。

关于唐代参军戏，唐代欧阳询《艺文类聚》引《赵书》云：石勒参军周雅，为馆陶令，盗官绢数百匹，下狱后，每设大会，使与俳儿着帻，绢单衣。优问曰："汝为何官，在我俳中？"曰："本馆陶令。"计二十数单衣，曰："政坐耳是，

故入辈中。"以为大笑。周雅原为参军，当馆陶令时因偷盗官绢而下狱，成为被俳优戏弄，让众人讥笑的角色。又因为它与歌舞戏比，有幽默、引人发笑的效果，而被保存下来。从上述简介中不难看出，歌舞戏和参军戏都是蜕变期的戏剧，亦即雏形戏剧。

唐代杜佑在《通典》中记载："踏摇娘，生于隋末。河内有人，丑貌而好酒，常自号郎中，醉归必殴其妻。美色善自歌，乃歌为怨苦之词。河朔演其曲而被之管弦，因写其妻之容。妻悲诉每摇其身，故号踏摇云。并代优人颇改其制度，非旧旨也。"

宋金为戏剧的发展期。宋代的"杂剧"，金代的"院本"和讲唱形式的"诸宫调"，从乐曲、结构到内容，都为元代杂剧打下了基础。到了元代，杂剧发展到极致。明代出现了传奇。它是在宋代杂剧的基础上，与南方地区曲调结合而发展起来的一种新兴的戏剧形式。温州是它的发祥地，后人称之为南戏，而称北方杂剧为北曲。南戏在体制上与北杂剧不同：它不受四折的限制，也不受一人唱到底的限制；有开场白交代情节，多是大团圆的结局，风格上大都比较缠绵，不像北杂剧那样慷慨激昂；在形式上比较自由，更便于表现生活。到了清代戏剧艺人吸收各地民歌小调等入戏，我国各地出现了多种地方戏曲纷呈的局面。

傩祭仪式在其发展演变的历史进程中，随时都在吸收人类创造的艺

新疆库车出土唐代舍利盒之《面具乐舞图》

术成果。首先是音乐、舞蹈，继而是乐舞。在雏形戏剧出现和戏剧形成以后。各地傩仪、傩舞艺人在民间驱傩、祭祀仪式基础上，为增加娱人成分，博取还愿事主或众人的喜欢，吸取杂剧和民间戏曲成分而形成的戏剧形式，便是后来的傩戏，即举行驱傩仪式中演出的戏剧。这种傩戏剧目在南宋时已经出现。南宋诗人刘镗在其诗集《江西诗征·观傩》篇中已经细致描写到当时傩祭中演出《判官勾薄》、《张天师着鬼迷》、《钟馗戏小鬼》等雏形戏剧剧目，从中还可看出从傩祭、傩舞向傩戏过渡的痕迹。反映明代嘉靖年间社会生活的小说《金瓶梅》中，写李瓶儿死后的民间傩仪"地吊"中，就有演出《五鬼闹判》、《张天师着鬼迷》、《钟馗戏小鬼》和《雪里梅》、《庄周梦蝴蝶》、《赵太祖千里送京娘》等剧目。剧目内容分两个方面，前三出剧目本身即是表现驱鬼、杀鬼的，而后三出剧目本身与傩祭无关，仅在傩祭期间配合演出，以增强娱人效果。由此可以说明，南宋时期傩戏已经出现，到元明时期已经比较普遍。这是一个漫长、渐进的过程。今天我们在考察、研究各地傩戏形态的时候，从中发现的各种雏形戏剧、杂剧遗迹以及各种地方戏曲的影响，就是最好的证明。特别是像《五鬼闹判》、《钟馗戏小鬼》这样的剧目，至今还在民间传承。

傩戏的形成和滥觞，是我国傩文化发展到最新最高阶段的标志。可惜在建国后直至"文革"相当长的时期内，傩戏文化被视为封建迷信而受到禁锢。经过20世纪80年代以来的一些恢复、保留，我们在今天的非物质文化遗产保护工程中，才能抢救性保护到幸存下来的少量傩戏项目，主要有安徽的池州傩戏，江西的万载傩戏，云南的澄江关索戏，贵州的务川仡佬族傩戏、安顺地戏，湖南沅陵的辰州傩戏，湖北的恩施傩戏，四川的梓潼阳戏，藏传佛教跳布扎，河北的武安傩戏等。他们是我国傩戏文化的代表，多数成为国家级非物质文化遗产保护项目，主要傩戏艺人被文化部评选为国家级代表性传承人。

贵州地戏

 武安傩戏

毛南族肥套

武安傩戏
《吊四值》

（二）我国各地的主要傩戏

由于地理环境、人文历史传统等不同，各地傩戏在长期的发展传承过程中，形成了不同的演出方式、艺术风格等地方特征。按照他们的区别，按照各自的特征可分为社火傩戏、傩愿戏、军傩、民族宗教傩等。

社火傩戏

社火傩戏的基本特征是在保持驱鬼逐疫、迎神祭祀和戴面具的前提下，由村中社首出面组织，于每年春节元宵节期间在村中或氏族祠堂演出，戏曲化程度较高，剧目较多，村民参与面广。安徽池州傩戏、江西万载傩戏、河北武安固义傩戏等即属社火傩戏。

(1) 安徽池州傩戏

池州傩戏属民间的"乡人傩"。流布在佛教圣地九华山麓方圆百十里的贵池、青阳，石台等县偏僻清寂的山区。据考证，池州傩戏出现时间至少在明朝中叶以前。

池州傩戏在每年的农历正月人日（初七）至元宵节演出两三夜，也有的氏族演三四夜，都在单日于本宗族祠堂内搭台演出，个别氏族如元四章姓因宗支多，自初七起连演十夜，且不搭台。

池州傩戏演出分三段体，即傩舞、正戏、吉祥词。角色分别由宗族内部选派男丁扮演，女子因宗法关系不得参加。扮演者均戴木制油漆彩绘面具，俗称"脸子"，表演古朴粗犷，颇具古风。各村社脸子数量不

安徽青阳傩面具·秦琼

安徽青阳傩面具·孟姜女

池州傩戏《刘文龙》剧照

池州傩戏《章文显》剧照

池州傩戏《孟姜女》剧照

等，是用桃木、黄杨木或柳木镂成脸胚，再雕刻彩绘成形。

池州傩戏的正戏剧目有《孟姜女》，《刘文龙》、《章文显》、《摇钱记》、《陈州放粮》、《花关索》和《薛仁贵平辽记》等。其中《刘文龙》和《孟姜女》二本为大多数氏族搬演，其他剧目只是个别氏族搬演。

池州傩戏唱腔主要有傩腔、高腔两类，以傩腔为主。傩腔颇具地方特色，属花腔小调，源于山区流行的山歌、号子、采茶歌、莲花落等民歌俗曲。旋律平稳，极少用拖腔，曲调高亢、激昂，音域宽广，旋律跳动较大，节奏自由而富于变化。池州傩戏一般只用鼓、锣、钹等打击乐伴奏，不用丝竹乐器，少数氏族间或用唢呐伴奏。

池州傩戏演出前后有隆重复杂的仪典：分别是迎神下架、请神、送神上架和朝庙等。池州傩戏还有别具特色的"吃邀台"（亦云"吃腰台"）。每次傩戏演到午夜休息，由年首办夜餐招待，谓之邀台或腰台。吃过后继续演出。各宗族邀台的吃法也是五花八门，各具特色。一般是把豆腐、酸菜、猪肉各两碗，放入小铁耳锅内，谓之"一品锅"，取一品吉祥如意之意；一壶酒，喝完酒吃饭，不加酒菜，一般吃后至少要剩一夹菜、一杯酒，取年年有余之意。还有个别氏族的邀台别有风致，演员吃一品锅，而另炒冻米一大箩，烧两桶开水，观众均吃泡冻米，因冻米炒后米粒发胀，因而谓之"发米"，吃了可以发财得福，所以人们吃发米也津津有味，甚至少数观众看傩戏的主要目的就是为了吃发米讨吉祥。

(2) 江西万载傩戏

江西万载傩戏举办时间为一年一度的新春，俗称"跳魈"，又称"搬案"、"舞鬼戏"和"二十四戏"。始于元末明初，是当地民间驱鬼逐疫、祈福求安、娱神娱人的民俗文化活动。其特征为角色皆头戴木制面具，共24具，分别是：开山、走地、先锋、功曹、绿品、杨帅、鲍三娘、花关索、小鬼、判官、上关、下关、童子、前司郎、城隍、皂班、土地、点兵、四大天将（魔礼青、魔礼红、魔礼海、魔礼寿）、雷公、钟馗等，故又称"二十四戏"。除大菩萨面具外，皆为人脸大小，均系樟木雕成，造型各异。

江西傩面具　　　　　　　江西傩面具

万载傩戏有"开口傩"和"闭口傩"两个流派。开口傩几乎每角必唱，表演风格强悍、干练、紧凑，还有一定的故事情节。闭口傩则注重表演，具有悠闲、古朴、轻盈、洒脱等特点。城西的双桥、黄茅等地的傩戏均属闭口傩，城郊的马布、岭东等地的傩戏则属开口傩。但两种流派所供奉的主神均为"欧阳金甲大将军"，其走村串户的表演，均增添了吉祥、福祉之光。

万载傩戏共有《开山》、《比刀》、《关王下书》、《关鲍大战》、

武安傩戏

《小鬼戏判官》、《土地》、《团将》7个节目，有简单的故事情节，角色有生、旦、净、丑，动作古朴粗犷，在赣傩中占有重要的地位。其仪式主要有开傩、出傩、接傩（傩仪）、跳傩、归傩（又称封案）。跳傩是傩戏活动中的重头戏。

傩愿戏

傩愿戏戏班规模在六七人，或者10～15人，一个戏班称作一坛。班主称作掌坛师、掌堂师、师公、端公、土老师等，他和主要艺人都应是巫师。傩戏班主要是应想完成各种誓愿的事主之请，并商量好各种事项后，便到事主家布置傩坛（堂），举行驱鬼逐疫、迎神祭祀仪式，期间还与事主交流呼应，帮其完愿，同时扮演一些傩坛戏剧以娱人，甚至表演上刀梯、下油锅、走红铧、滚榨刺等傩技，用符箓、诀咒等以增加整坛傩愿仪式的神秘性。湖北恩施傩戏、湖南沅陵辰州傩戏、贵州务川仡佬族傩戏、四川梓潼阳戏等即属此类傩戏。

今楚故地保留的端公舞（端公即是巫师的意思）

(1) 湖北恩施傩戏

恩施傩戏是旧时迎神赛会，驱逐疫鬼的一种仪式。相传起源于宋康王在诸位神仙的护送下，泥马渡江逃过劫难后的欢庆活动。后来便形成一种固有的剧种流传下来，即傩愿戏。另一种起源说是起于傩公、傩婆，如祭神词唱道："洪荒年间涨大水，淹死万国九州人。万国九州都淹死，留我伏羲兄妹人。"伏羲女娲孪生兄妹，二人在万物生灵的再三劝说下成婚生子繁衍后代，使世界上又有了人类，后世子孙把伏羲女娲二人称为傩公、傩婆，当做灵神来祭祀，冲傩还愿，世代相传。

湖北傩面具

傩原戏班的演出时间由还愿事主决定，一般一天一夜，多则三天三夜。傩愿戏的本意是满足人们的一种愿望——驱逐疫鬼，消灾纳福。演出时供奉三个半身像：蓝脸陈相宝居左，红脸刘习温居中，白脸杨戬居右。为什么要供这三位武神像？因为宋康王泥马渡江时是这三位神将护送的。还有一个雕像叫"压傩太岁"陈平，被尊为戏主，传说傩戏是他创造的，为第一祖师。其雕像较小，是全身像，手脚均可活动，演出时供在化妆室。傩愿戏多为喜庆场合演出，一般接傩戏的事主都曾许过愿，如子女盼望老人长寿，就许道：菩萨保佑活过多少岁，我就接一堂傩愿。久病不愈者许道：菩萨保佑我病体康复，就接一堂傩愿等。如今百姓盼子女升学也接傩愿。就连家中的骡马下了崽儿，也要接一堂傩愿。只要所盼望的事得到满足，就接傩坛到家里唱傩戏还愿；如果许了愿没有接傩愿，就要带来天灾人祸，家人生病；一旦补愿，自然消灾。傩戏演出一般都在堂屋中进行，表演形式丰富多彩。

伏羲女娲绢画

(2) 湖南沅陵辰州傩戏

湖南沅陵辰州傩戏（又称土家傩）历来无职业班社，艺人多为巫师，或附于坛门。辰州傩有全部和半部之分，由还愿事主付酬金多少决定，在事主家中演出一日、三日、五日不等。届时事主也衣冠整齐，随着巫师拜跪并有所交流。

武安傩戏

辰州傩分上河教和河南教两大流派，行傩时，分为三个部分：即傩祭（又称法事）、傩戏、傩技。

傩祭：上河教有37场法事，河南教有38场法事。两教傩祭中部分法事也有傩戏的成分，如迎神、跳标、发五猖、送子、晒衣、下池、教子、勾愿、盗猪，均与傩戏不可截然区分。

傩戏：傩戏剧目包括傩坛正戏、傩堂小戏、傩堂大本戏三类。

傩坛正戏：是由法师作法事请神演变而成的，带有简单情节及表演的剧目，表演时往往与掌坛法师及事主交流，演员大多戴面具，有代言体唱词和白口，是傩堂戏的雏形，主要剧目有《搬先锋》、《搬师娘》等。

傩堂小戏：亦称正朝。已具小型戏曲特征，虽残存还傩愿痕迹，但有一定的戏剧矛盾与人物性格。现存主要剧目有：《三妈土地》、《梁山土地》、《蛮八郎买猪》、《姜女下池》、《观花教子》等。

傩堂大本戏：又称花朝，是戏曲化程度较高的剧目，现存主要剧目有《孟姜女》、《龙王女》、《七仙女》、《鲍三娘》等。

早期傩堂戏的角色，以其面具造型来识别。

湖南傩面具

民国初年，出现行当之分，以生、旦、净、丑四行为主体，随后向更细致的分行方向发展。面具，又称脸子或脸壳子。一般用樟木雕刻，所绘花纹及色彩，因人而异，主要有正神、凶神、世俗人物三大类。

辰州傩戏声腔的形成和发展经历了法师腔、傩坛正戏腔和傩戏腔这三个发展阶段。法师腔是傩坛法师所哼唱的曲调，多口语化，节奏自由，属朗诵体，只具备某些戏曲化因素。傩坛正戏腔多用于法事程序，是发展傩戏腔的基础，其旋律和节奏虽简单，但音乐形象已渐鲜明，行当已成形，唱腔结构已渐严谨。傩堂戏腔承袭了全部巫傩音乐的遗产，保持了浓郁的"巫风"，成为湖南省戏曲音乐系统中自成一格的古老声腔。

沅陵七甲坪辰州傩戏共有21种曲调，常用曲调有姜女调、范郎调、下池调，特殊情节中亦有差兵调、过关调，多五声徵、角调式。亦有羽调式和角商交替调式。情调古朴，旋律具山歌特色。

傩技：辰州傩戏中的傩技主要有：开红山、过火槽、上刀梯、踩火犁和滚榨刺等，另外还有傩符（即辰州符），其有三大部分，即：符箓、字号和诀法。

辰州傩是楚文化、湖湘文化之根，是研究湖湘文化的历史文本，是当地许多地方戏剧种（如辰河戏、祁剧、阳戏、花鼓戏等）的老祖宗。

(3) 贵州务川仡佬族傩戏

务川仡佬族傩戏也叫脸壳戏、冲傩、杠神。掌坛师信奉巫、佛两教，供奉张天师和释迦牟尼。傩戏的道具分神坛、案子、脸壳、小道具四类。行傩时可分为两部分：一是开坛，属于祭祀部分；二是开洞，属于戏剧部分。

开坛：开坛分为四个内容：一是发通帖文书。由法师右手举师刀，左手拿排带，烧长钱后口中念念有词，边念边舞，以示发出请帖，邀请各路神明前来赴傩坛会。二是立楼诗。由另一个法师右手举神棍，左手拿排带，口念诗文奉承各路神明抬举。三是搭桥。由另一个法师右手举师刀，左手拿排带，在"过桥案子"前边唱边舞，引导各路神明前来赴傩坛会。四是酿星布斗。由另一个法师右手举神棍，左手拿排带，边念唱边舞蹈，邀请诸位神明就位。

开洞：就是唱础。实际是一个演员头戴脸壳，身着古装，根据民间传说或唱本改编的故事，伴着锣鼓、牛角念唱一遍，傩戏实际就是唱故事。

务川仡佬族傩戏有二十四戏，其中十二戏戴脸

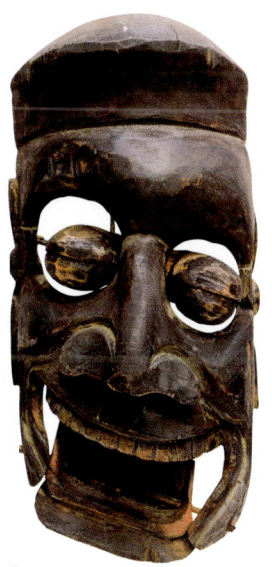

黔北贵州仡佬族傩面具

壳，又称前十二戏；有十二戏不戴脸壳，又称后十二戏，唱法与前十二戏相似。傩戏演出动作简单，古老而粗犷，唱腔的旋律起伏不大，似唱似念。傩戏只有戏文，唱一遍故事而已，像统兵圣母这出戏，虽有六人上场，仍是各唱一遍，互无联系。傩戏短则可唱一天，长则可唱十天半月，由掌坛师在案子前游一阵，转一阵，唱一阵，念一阵。念时微闭双眼，口中念念有词，念的时间可长可短，也可任意重复。

（4）四川梓潼阳戏

在四川省梓潼县七曲山上，有一座文昌大庙，庙内供奉梓潼（文昌）帝君。传说梓潼帝君系天上文曲星下凡，专管人间功名利禄。故历来为文人学士、仕官儒生顶礼膜拜，亦是他们祈求功名的圣地。这里长期流传着一种酬神还愿、驱邪纳吉的民间傩戏——梓潼阳戏，清乾嘉年间，甚至更早些时间已在梓潼一带流传。

梓潼阳戏奉"四圣"（川主、土主、药王、文昌）为戏神，并有一整套祭祀仪式和演出剧目，运用于善男信女求神许愿、还愿祈吉的民俗活动之中。

梓潼阳戏的剧目相传有三十二天戏、三十二地戏。根据手抄本"戏门断愿启白"所记，三十二天戏是：出扫棚前、出小鬼、出土地、出走马、出春牛、出给事郎、出和事老者、出陈牢、出猿猴、出屏风小姐、出僧道、出梅花、三圣起马、出化主、出凤冠柳青、出关韩二将、出二郎、出三伯公婆、出杨泗将军、出大伯二伯等。三十二地戏有：上太白察善、上功曹、上祖师、上白鹤童儿、上灵官镇坛、上点盘土地、上统兵元帅、出钟馗、鲁班造船、二郎扫荡等。依其内容排列，则是：太白金星查得某地还愿祈神，于是禀报天帝。天帝即派真武祖师纠愿，派灵官、土地查愿、钟馗去驱鬼，最后由二郎神率领判官、土地去除妖驱邪。将全部疫鬼装进神船，逐出门户，扫荡殆尽。

梓潼阳戏的表演颇有特点。它以提线木偶为主导，伴以面具和涂面表演角色，而所有

梓潼阳戏

表演又溶于法事仪式之中。梓潼阳戏的音乐唱腔以"神歌腔"为主，唱腔由法师吟诵，道童和腔并帮腔，锣鼓节拍伴奏。表演地戏时，还采用了川剧、灯戏声腔。

梓潼阳戏表演有一个特殊的方式，即戏剧演出过程中，直接与愿主作神人交流。如王灵官在台上问："还愿弟子，当年你为何许愿？"愿主禀告："为家宅不清。"王问："今日如何酬愿？"愿主答："献上花戏一台，浑猪一头，龙鸡一只，香烛备齐。"王灵官即赐言："一了百了，一缴百缴，一断百断，水上脱刀，永无欠愿。愿你老者百年长寿，少者松柏长寿。"愿主叩头谢恩，退下舞台。在《二郎扫荡》一折中，二郎神登坛作法，愿家立即引导二郎神逐房逐室，驱逐不祥。最后，二郎把所有"邪恶"扫进船中，并率领愿主众人，在乐队伴送下，将船押至村外河边，当天焚烧。意为疫鬼已除，地方平安昌盛。至此，戏剧演出全部结束。

云南澄江关索戏、贵州安顺地戏是明代中原军队到西南边疆地带戍边屯田时，为满足兵士驱鬼避邪、娱乐提兴，鼓舞士气、壮大军威的愿望而举办的祭祀仪式，演出的戏剧，以后在民间传承下来。剧目内容基本上是朝代兴衰的朝政、征战故事，赞美忠义、颂扬报国的忠臣良将，称作军傩。如今，军傩在民间传承，和社火傩戏很相似。

(1) 云南澄江关索戏

澄江县阳宗镇小屯村的关索戏又称"玩关索"，是以关羽的三儿子关索为主角，歌颂三国时期蜀国英雄人物的"傩面戏"。这里是汉族聚居的村庄，每年农历正月初一到十六都要演唱关索戏，演员都是农民，世代相传至今。明洪武年间，小屯曾驻扎过屯田的军队。当时朱元璋的军队中有一种叫"军傩"的活动，士兵们在连连征战中，有驱鬼避邪，求神保祐，消灾免祸，吉祥幸运的愿望，就根据民间流传的历史故事编成节目，在军队中演出，既能满足驱鬼避邪的心理要求，又能娱乐提兴，起到鼓舞士气，壮大军威的作用。

关索戏的表演形式已具备戏剧形态，剧中人物有唱有白，有武打，但还保留了一些说唱文学的痕迹。其突出的特征是剧中人物都戴象征神的面

武安傩戏

澄江"关索戏"

澄江"关索戏"

澄江"关索戏"

具,共有20幅,是当年小屯村请来"压邪"的20名"五虎上将"。在演出告一段落和整个演出结束后,还要举行辞神、装箱、送药王等仪式。

关索戏在长期的演出中,形成了一套固定不变的演出仪式和习俗,分为仪式性演出和戏剧性演出。仪式性演出有严格的程式和禁忌,如领牲(祭药王)、练武(排练)、出巡、踩村、踩街、踩家等。戏剧性演出,情节简单,语言通俗易懂,多为武戏,有唱有武打。

关索戏过去有100多部文字剧本,经常演出的有20多个剧目,如《古城会》、《长坂坡》、《过五关》、《战吕布三请军师》、《山岳认兄》、《花关索战三娘》、《李恢说和马超》等。剧目有长有短,长的可演半天,短的只有20分钟。

(2) 贵州安顺地戏

安顺地戏俗称"跳神"。明王朝建立初期,国内局势极不稳定,元朝残存势力的拼死反抗,边疆"诸蛮"不停地叛乱。为了防范诸蛮叛乱,朱元璋在安顺、平坝一带,设置屯、堡、卫、所驻扎人马,实行屯田。这些人被称为屯堡人。明军里盛行的融祭祀、操练、娱乐为一体的军傩,和中原民间传承的民间傩,也随南征军和移民进入贵州,并与当地民情、民俗结合,形成了以安顺为中心的贵州地戏。

安顺地戏演出以村寨为单位,演员是地道的农民。一般一个村寨一堂戏,演员

地戏面具　　　　　　　　　　地戏中的武打场面

二三十人，由"神头"负责。演出时间为每年的新春佳节和农历七月稻谷扬花时节。以大姓为主体的农民戏班在寨中空地围场跳起了地戏。届时，全村男女老少兴高采烈围场观看。安顺地戏的显著特点是演出时跳神者首蒙青巾，腰围战裙，戴假面于额前，手执戈矛刀戟之属，随口而唱，应声而舞。唱，是无乐器伴奏的说唱，不分行当，只有男女角色之分，没有男女声腔之分，由剧中角色边说边唱边交代剧情。舞，实则为"打"，是表现战斗场面的对打格斗。

地戏剧目本子又叫"地戏谱"，地戏具有以史为线索的性质。现存剧目有：《封神演义》、《大破铁阳》、《东周列国志》、《楚汉相争》、《三国演义》、《大反山东》、《四马投唐》、《罗通扫北》、《薛仁贵征东》、《薛丁山征西》、《薛刚反唐》、《粉妆楼》、《郭子仪征西》、《残唐》、《二下南唐》（飞龙传）、《初下河东》、《二下河东》、《三下河东》、《九转河东》、《二下偏关》、《八虎闯幽州》、《五虎平南》、《五虎平西》、《岳飞传》、《岳雷扫北》等，所反映的时代上至商周，下至明朝，全是唱朝代兴衰的战争故事，赞美忠义、颂扬报国的忠臣良将戏，构成了军傩最主要特色。表演中，格斗双方手持刀、枪、剑、戟交锋，一招一式，表现出对古代战争格斗场面的模拟。

安顺地戏的演出程序一般分为"开箱"、"请神"、"顶神"、"扫

 武安傩戏

地戏场面

开场"、"跳神"、"扫收场"、"封箱"等。其中的"跳神"是正式演出,其余部分是带有驱邪纳吉成分的傩戏活动。由于屯堡人的神灵观,更给地戏赋予"傩愿"的性质,村民还会在建房求财、祈福求子的时候请地戏队中的"神灵"(如关羽、佘太君等)去进行"开财门"、"送太子"等活动。

 民族宗教傩

藏传佛教跳布扎即属宗教傩戏,由藏传佛教寺院喇嘛扮演,为藏传佛教法事所用。

跳布扎,北京人俗称"打鬼"。它是西藏的"羌姆"随同藏传佛教东

渐北京后传入的一种敬神驱鬼仪式。1993年，雍和宫把它重新命名为"金刚驱魔神舞"。

北京雍和宫"羌姆"演出

藏戏面具·大臣

雍和宫的喇嘛每年农历正月二十九日（这月若是小建，便提前至二十八日）开始，连跳三天。正月三十日是正式跳的日子。所谓"打鬼"打的是障碍修行的外道诱惑和自身的酒、色、贪、嗔、妄、杀等魔障。舞者全部为喇嘛，跳布扎照例在天王殿前举行。演出时要悬挂"唐卡"。

《跳布扎》的日程是：第一天预演，名为"演鬼"，目的是将停演了一年的跳布扎先演练一遍，以保障正式演出的成功。第二天正式跳布扎，共有十三个段落：第一段《跳白鬼》、第二段《跳黑鬼》、第三段《跳蝶神》、第四段《跳螺神》。以上四段是第一部分，从第五段起，才是金刚驱魔神舞。第五段《跳金刚》、第六段《跳星神》、第七段《跳天王》、第八段《跳护法神》、第九段《跳白救度》、第十段《跳绿救度》、第十一段《跳弥勒》、第十二段《斩鬼》、第十三段

武安傩戏

藏戏面具

藏戏面具 温巴

《送祟》。第三天绕寺,是为尾声。在胜利的鼓乐声中,众神合舞。两个黄衣喇嘛从大殿抬出一个用高粱秸秆和纸扎糊成的三角形锥状架子,意思是魔鬼已经被释迦牟尼钉死在三脚架之中。然后,两个喇嘛抬着三脚架,众天神和众喇嘛列队走出昭泰门,在门外把三脚架烧掉。一年一度的《跳布扎》到此结束。

武安傩戏
WU'ANNUOXI

中国面具的发展与当代傩面具概况

面具是一种具有特殊表意性质的象征符号，它通常被视为神祇的化身和载体，具有沟通天地和鬼神的法力。面具在历史上曾被广泛用于狩猎、战争、驱傩、祭祀、舞蹈、戏剧中，具有独特的文化内涵和造型特点。其中傩面具，更是以其丰富的品类、多样的材质、浓郁的宗教色彩和文化内涵独具魅力。

一　中国面具的发展概况

中国面具产生历史悠久，种类繁多，从一个侧面反映了中华民族的观念信仰、民俗文化、情感理想和审美情趣，并在一定程度上体现了中华民族的心理特质和精神追求。不同学者依照其结构、质地、造型、功用等都曾进行过分门别类的归纳，但各有一些缺憾，而顾朴光先生从"形制"作为依据，将中国面具分为了假面、假头、面饰、面罩和面像五种类型，使之更加准确而清晰。

- **假面**：是生活中最常见的面具，也是用途最广泛、造型最丰富的品类。其一般大如人脸，戴在人面部或顶在额头，两颊或两耳处穿孔用绳索固定。假面的质地繁杂，常见的有木、铜、铁、皮布、纸等。

贵州地戏面具·主帅

- **假头**：为立体中空的套头式面具，佩戴时一般将整个头颅罩住，只留出眼睛和嘴巴的部位，是历史上最早出现的面具。原始社会的大多数面具属于假头一类，直到宋代以后假头在面具中的重要位置才逐渐被假面取代。

- **面饰**：系佩在身上用作装饰和辟邪的小型面具，系佩位置通常在胸前、壁上或腰间，长宽通常在2～8厘米，造型可分为人面和兽面两类。通常使用玉石、兽骨、象牙青铜、黄金制作。

- **面罩**：又称"死面"，是盖在死人脸上的面具，大小与人面相仿或略大于人面。我国使用面罩较普遍的是先秦、汉代和辽代，大多以金银玉铜等贵重之物为原料。

- **面像**：是悬挂、置放在神坛、社坛、门户、墓室等场所的面具，形制与假面相类，但通常较大，有的可大10倍以上。面像有人面和兽面两种，人形面像多置于神庙或社坛，具有纳吉驱邪的功用。兽形面像俗称"吞口"，依置放场所不同，又有镇宅吞口和镇墓吞口之分。

中国是世界上面具历史最悠久、流传最广泛的国家之一。据顾朴光先生研究，将中国面具的发展分为了萌芽期、发展期、成熟期、繁荣期和当

陕西社火面具·将军

吞口（黔西南）布依族

吞口（云南曲靖）

吞口（黔西南）布依族

西藏羌姆骷髅面具

武安傩戏

镶嵌红宝石金面具（公元6～7世纪）

金面具（辽代陈国公主墓出土）

头像金饰件（河北易县燕下都遗址出土）

熊、羊浮雕金饰件（河北易县燕下都遗址出土）

人面形玉饰（内蒙古兴隆洼文化）

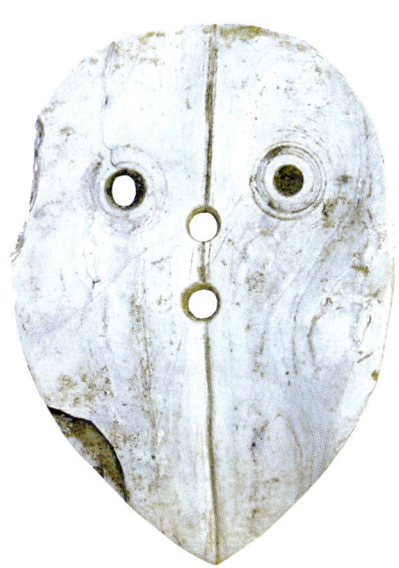

蚌人面饰（兴隆沟遗址出土）

贴金铜人头像（四川三星堆遗址出土）

嵌玉睛女神头像（辽宁牛河梁遗址出土）

武安傩戏

代面具五个阶段。

早在旧石器时代晚期,人类就产生了原始巫术和宗教,进入新石器时代形成了相对固定的祭祀仪式,而此时也就成为中国面具的萌芽期。虽无实物留存,但在《山海经》、《竹书纪年》等古籍中都有许多有关原始面具资料的记载,在遍布全国的史前岩画中,亦留下了大量珍贵的面具图像。

原始时期面具多用玉石等坚硬耐蚀材料制作,用以装饰、辟邪或作为通神的法器。四川省巫县大溪64号墓、山东藤县岗上村、辽宁牛河梁"女神庙"遗址、浙江余杭县瑶山、陕西神木县石峁村等都有远古时期玉、石头像或面饰出土。

奴隶社会是中国面具的发展时期,此时祭祀和战争是国家头等大事,当时的政治、经济、文化无不和"祀"和"戎"密切相关,此时面具被大量用于祭祀、丧葬和战争。其中最有特色的是"傩仪",傩仪的重要特点是主角方相式须佩戴"黄金四目"面具。考古工作者在四川、陕西、山西等地发掘出土了商周面具百余面,其中大部分为青铜面具,少数用金、玉制作,其中最著名的有四川广汉三星堆出土的青铜面具、陕西城

突目铜面具(四川三星堆遗址出土)

人头盖骨牌饰(内蒙古兴隆沟遗址出土)

石人面饰(内蒙古兴隆沟遗址出土)

石雕人面像(甘肃马家窑文化)

玉人头饰件（陕西龙山文化遗址出土）　　玉覆面（西周　山西曲沃县出土）

固出土的商代青铜面具、山西曲沃出土的西周缀玉面罩等。

从秦汉到隋唐时期，是中国封建社会的发展时期，也是中国面具发展的成熟期。面具的功能由宗教化、贵族化、模式化向世俗化、大众化发展。汉唐时期使用面具最多的领域是傩仪和百戏乐舞、其次为丧葬和战争。遗存的面具也绝大多数为丧葬面具，因其多使用玉、金、石等材质而得以保存，山东长清县双乳山西汉刘宽墓、江苏徐州市子房山西汉墓等都有缀玉面罩出土。战争面具在汉唐两朝皆未发现，但东晋和南北朝在战争中使用极为普遍，最著名的就是兰陵王面具。

从宋元到民国，是我国面具发展的繁荣时期，面具大量用于戏剧是其繁荣的重要原因。傩戏面具和藏戏面具的出现成为这一时期面具发展的重

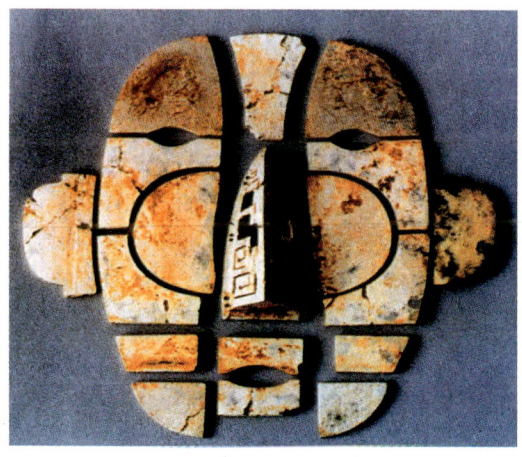 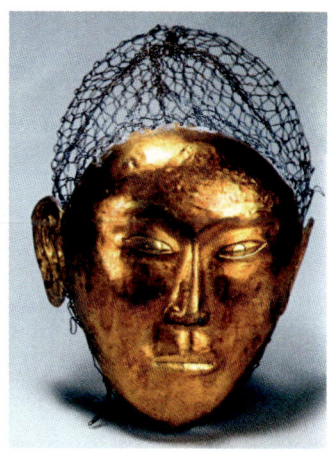

西汉缀玉面罩（山东长清县双乳山汉墓出土）　　金面罩（辽代陈国公主墓出土）

要现象，完成了我国面具功能和艺术上的两大转变。功能上由实用为主逐渐转变为以审美为主，艺术上，由早期追求类型化转变为追求个性化。因辽代契丹人有以面罩覆盖死者面部的习惯，此时期面具的考古发掘出土物以辽代面罩为主，质地有铜、银、金三种。特别是陈国公主墓出土的金面罩，无论对辽代葬俗还是中国面具史研究，都具有很高的价值。

当代面具是中国传统面具的最后余晖。从总体上说，随着中国现代化进程的加快，传统面具日益失去了它的生存土壤，但我国地域辽阔，民族众多，各地经济文化发展水平差异较大。在经济、文明化落后的农村、山区，特别是少数民族聚居的边远地区，传统面具仍顽强生存于各种戏剧、乐舞和民俗活动中，其中傩面具和藏面具的流布尤为广泛。

二 当代傩面具

傩戏是中国戏剧家族中的一个庞大种群，分布广泛、品类繁多。据不完全统计，我国至今仍在各地区、各民族中演出的傩戏约有二三十种。按照演出主体、历史渊源、文化内涵、演出形式等标准，又可以分为村社傩、巫师傩、军傩等品类。早期的傩戏都是佩戴面具演出的，现在其中有些品类已不再使用面具或所用面具不多，因此一些面具遗存比较丰富的地区和项目，更显得弥足珍贵。如：

清代傩面具
（安徽池州）

江西傩戏面具·大将军　　江西傩面具·招魂使者　　广西师公戏三层面具·令公

- **江西傩面具**：江西跳傩面具角色十分丰富，全省不下数百种。目前现存的皆为木质。与其他地区相比，江西跳傩面具最具特色的是江西跳傩中的一些武将面具，头顶不但饰有战盔，而且两颊还饰有较宽肥的耳翅。此外，江西跳傩面具中，还有少数尺寸硕大的为神坛上的供奉物，不做演出之用，属于面像一类的面具。

- **广西师公戏面具**：广西师公戏面具素有"三十六神，七十二相"之说，角色超过百种，按造型可分为善相面具、凶相面具和丑相面具三大类，有些角色也是其他省罕见的。在宋代，广西面具就有"穷极工巧"的美誉，此后一直保持了很高的艺术水准，尤以双层和三层面具最为精彩。

- **贵州地戏面具**：贵州地戏以安顺流传最广。故人们往往把地戏称为"安顺地戏"。面具是地戏最重要的艺术特征之一，老艺人们说："地戏玩的就是脸子（面具）"。地戏面具一般用质地细腻、易于加工的丁木、白杨、白果木制作，

地戏面具

 **武安傩戏**

地戏面具

贵州地戏

从原料到成品，须备料、雕刻、着色、装须等多道工序，按照角色和造型，大体可分为武将、道人、丑角、动物和世俗人物五类。面具雕刻工艺复杂而又精细，色彩绚丽明亮。造型在写实中大胆予以夸张、特色鲜明，并涌现出了若干风格各异的制作流派，著名的有齐二派、胡开清派、吴少怀派、黄炳荣派等。

地戏面具的佩戴方式十分奇特，先将一块半透明的黑纱蒙住头部，再在其上佩戴面具。面具戴在额上，位置较高。对此当地老百姓有两种解释：一是地戏中的角色大部分是神，为了表示对神的崇敬；二是地戏多在野外演出，面具戴的高些，便于山坡上的观众观看。

- 云南关索戏面具：云南关索戏面具为半套头式面具，是在泥塑模型上用皮纸层层裱糊而成，大部分面具在冠帽或发髻上都有绒球、彩花和圆镜等饰物，显得缤纷富丽，充分反映了农民的审美情趣。
- "撮泰吉"面具："撮泰吉"是被学术界认定的唯一"亚傩戏"，即一种类傩的原始戏剧。"撮泰吉"的面具多用杜鹃树、漆树之类的高山硬杂木

关索戏鲍三娘

云南澄江"关索戏"　　　　　　撮泰吉之"阿达姆"面具

制作，工艺简单，用斧头将木料砍成人面形毛坯，然后在上面粗略地刻、凿出眼、嘴、鼻，造型稚拙、怪诞，色彩单纯朴素，古老而原始。

三 武安傩面具及其种类

　　武安傩面具是假头类纸质面具。关于它的来历，据武安市固义村传说，最初起始于春秋时期。至今在固义村脸戏剧目《点鬼兵》唱词中也如是讲道：春秋时期秦国秦庄王的十三太子游历来到晋国，见晋国恶少"拦街虎"当众作恶。十三太子非常气愤，上前去教训他，因用力过猛而将"拦街虎"打死。为躲避晋兵追捕，十三太子来到顺德府唐山县（今河北省邢台市隆尧县）镇殿村，见村民头戴脸戏（面具），身穿彩衣，在街头歌舞娱乐。十三太子说明自己被追赶的情形，村民便让他戴上脸戏，穿上彩衣，和村民们一起娱乐，使十三太子躲过了晋兵的追捕。后来十三太子来到固义村南的鹊娥山上，病倒不能行走，村民们给他请医抓药，终于治好了他的病，只是眉毛变白，下巴两侧也留下白痕，因此村民也称他白眉三郎。后来白眉三郎为了感谢唐山县和固义村民对他的救命之恩，为这一带办了不少善事。所以固义村民为他雕了木像，供奉在鹊娥山下的奶奶庙

武安傩戏

里，渐渐成为该村独有的一位具有神性的英雄人物，并被村民视为村落保护神。不过，从实际情况分析，固义村面具形象都是城隍、灶君、土地爷等，因此，它们很可能是宋代大傩及面具在当今的遗存。

当然，武安傩戏面具是当地傩仪傩戏的重要标志。在武安固义村1987年恢复傩戏演出时，重新制作了25件面具，其中22件是中国道教、民俗神灵面具，他们既是脸戏角色，又是村民请来的各路神灵。另外3件为脸戏角色。1998年召开国际会议之前，又增制了牛头、马面头壳各1个，小鬼遮脸小面具4个。

武安傩戏场景

曹官与牛头马面

面具角色

面具角色

面具角色

武安傩戏面具的主要角色是:

- **城　　隍**：头戴乌纱，净脸，有胡须。化妆时在乌纱上扎一条红绸子，身穿红色官袍。
- **判　　官**：面具形象与城隍大致相似。
- **关　　公**：脸部涂成重枣色，卧蚕眉。头部戴幞头。化妆时在额头上方和脸部两侧挂一条红绸带子，身穿绿靠。
- **三　　郎**：即秦庄王十三太子，白眉毛，下巴两侧有白痕，化妆时头顶上扎蓬乱的白色头发，额头和脸部两侧挂条红绸子，显得很威猛。内穿红靠，外穿黄色蟒袍，蟒袍只穿左臂。他是脸戏《点鬼兵》的主角。
- **寿　　星**：即南极老人星。大额头，白胡须，长脸庞，穿红袍，手拄一柄长拐杖。
- **赵 公 明**：面具形象是头顶部涂成乌纱形，化妆时额头上方和脸部两侧扎一条红绸子。手执钢鞭，扎靠。
- **灶　　君**：亦称灶神、灶王。面具形象与城隍相似。
- **财　　神**：面具形象与城隍大致相似。
- **四　　值**：共四位。面具形象是头戴乌纱，穿红、黄、绿、紫四色蟒袍，执笏板，上街时骑马。

城隍

关公　　　　　　白眉三郎　　　　　　寿星　　　　　　赵公明

灶君

判官

四值之一

- 四　　尉：共四位，面具头顶部涂成乌纱形，面部有胡须，扎黄、红、绿、白四色靠，其中有一位为绿脸。
- 土 地 爷：头戴"寿"字员外巾，白胡须，褐色长袍，手拄拐杖。
- 五　　道：头戴额子，武将打扮，扎绿靠，民间主管巷口之神。
- 牛　　王：即牛神。净脸，头顶部涂成乌纱形，穿袍服，文官形象。
- 马　　祖：即马神。净脸，头顶部涂成发结形，眉宇间多了一只竖着的眼

四尉之一

五道

　　牛王　　　　　　土地　　　　　　马王　　　　　绿脸小鬼

　　　　睛，穿黑色蟒袍。俗语中有"不知马王爷三只眼"之说。其出处待考。
- 绿脸小鬼：脸庞涂成绿色，红眉毛，红嘴唇，头顶上有几个疙瘩（犄角）。手执骨朵锤，身穿黄色虎皮纹长坎肩，水红色裤子，薄底靴。手腕带几个铜环。
- 探　　神：面具红色，仅能遮住脸庞，眼睛挖空，供演员看路，头戴有绒球的额子，身穿黄色虎皮纹长坎肩，水红色彩裤，薄底靴，两手腕各戴几个铜环，是脸戏《点鬼兵》、《吊掠马》中的配角。
- 黄　　虎：老虎头壳，穿虎皮形外套，是赵公明的坐骑，《吊黑虎》中的角色。
- 大头和尚：和尚头壳，穿红色袍子。
- 柳　　翠：头顶部涂画成发结形，身穿红色开襟长衫。与大头和尚都是脸戏《大头和尚戏柳翠》中的角色。

　　　　黄虎　　　　　　大头和尚

武安傩戏面具的制作方法：

据固义村老年人讲，村中最早的面具是在一块树皮上挖出眼睛、鼻子和嘴等几个孔，戴在脸上即可演出。精细一点的做法是把树皮裁割成脸庞般大小，用刀子刻出五官，不足处用树胶粘接起来制成。直到现在，武安固义村的傩戏面具造型仍比较单一，制作也相对比较传统简单。

目前的制作方法是：先用胶泥塑成角色脸部连同盔冠的模型，长约40厘米，宽约30厘米，风干后待用；备一定数量的猪血，在太阳下晒热或者在火炉子上加热，加上一些石灰水，搅动并使其成绿色液体，把这种液体和白面糨糊兑在一起搅匀，据说这样防潮、防虫蛀性能好；把猪血浆糊抹在麻头纸上，裱在泥模型上，到需要的厚度时为止；晾干后把纸壳脱下来，彩画出五官面目、发结或盔冠，把两个大眼角处挖空，供演员看路；最后罩一层或两层透明漆即成。因为面具比演员脸部长出许多，所以在面具内嘴部扎有一根带子，演员戴上面具后，用嘴咬住带子，面具就戴得牢固了。

同时，固义村面具的存放和使用也一直延续着一套老规矩。平时放在村中库房内。演出前由社首于正月十二日摘下取出，掸净尘土，放在台阶上，对其烧香上供；用白酒逐个擦拭一遍，再上一遍透明漆，漆干后才戴上面具，参加演出。等正月十七日整个演出完毕，再将所有面具送入库中保存。

绿脸小鬼

武安傩面具戴法

武安傩戏
WU'ANNUOXI

武安傩戏的祭祀与演出

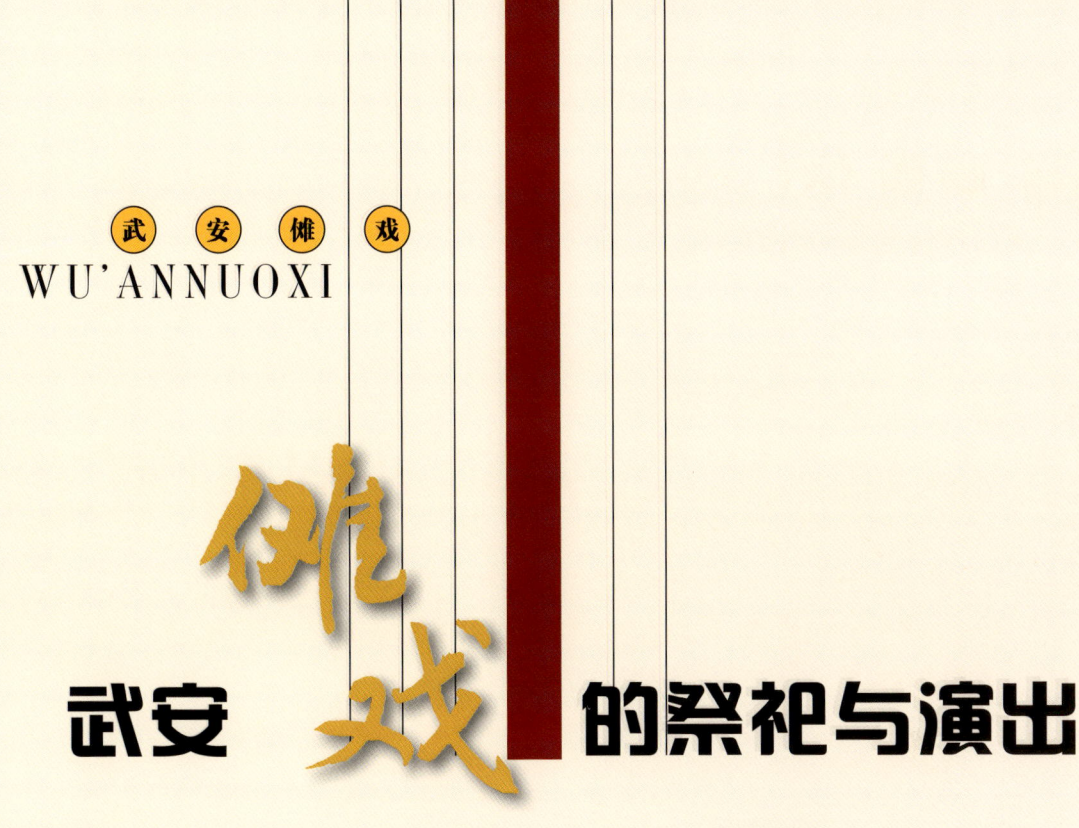

　　武安市固义村的祭祀和演出分为筹备和正式演出两个阶段。从年前的十月上旬决定"起社"（即决定举行祭祀和演出），到年后的正月十三，为准备阶段。正月十四日至十七日为祭祀和演出的实施阶段。

一 武安市固义村概况

固义村位于邯郸市西南55公里处，是武安市冶陶镇管辖的一个行政村，在冶陶镇东南1.5公里处。村北有条龙虎河，村南临南洺河，村南隔河是鹊娥山。旧时，村庄临着通往山西的大道，村中有马车店、饭庄、买卖铺面多家，使这里成为交通便利、商业兴旺、开化较早的村庄。

该村现有700多户人家，2700多口人，均为汉族。耕地3628亩，村民多数务农，有的农户家有人在外村开铁矿、煤矿、搞运输或经商。旧时，该村就有人到关东、江浙、山西、内蒙古一带经商。

村内有两条东西方向的街道，前街为主。旧时，该村有六座阁楼。这是太行山区村庄的标志性建筑，现在有五座还保存着。在前街东西两头各

固义村俯瞰

建有一座阁楼，东头的叫东阁，西头的叫西阁；村南有一座南小阁；村北和东北各有一座三眼阁（即有南、北和西三个门）。旧时，村内所有房屋都在六座阁门以内，夜间一关阁门，整个村庄的六个门户就算紧闭住了，外人无法进来，具有很好的防护作用。现在村庄向外发展，五座阁楼外都有了人家，阁门已经失去了它原有的防护作用。

固义村古井

固义村原名固亦。"固"是安定稳固，"亦"是语助词。后根据唐代大文学家韩愈《原道》中的"行而宜之谓之义"，三国曹植诗句"亲父义不薄"等语，而改名为"顾义"。演出时西大社的迎门旗上写着"顾义西大社"就是这个意思。后来把两个村名中的"固"和"义"字连在一起，便成了现在的"固义"。旧时东阁外有座兴隆桥，桥栏杆两端刻有"盘龙镇"字样，说明该村早先还有"盘龙镇"之名。

固义村北阁

据《武安县志》记载，早在后周显德年间（公元954～960年），村北高处就建有一座佛堂寺，并有僧人住持。说明在此之前，这里就是一个具有相当规模的村庄了。据村民讲，村南有处地方，历来叫做南庄地，曾发现过砖头、瓦片等古

固义村东北阁

固义佛堂寺山门

房屋遗迹和古钱币,说明了该村历史的久远。

清朝光绪三十四年(1908年)以前,村级以上行政单位是"里",里和村的负责人为里正、地方。当时固义里管辖周围23个村庄,里正一直由固义村人担任,并在该村办公。遇有催粮派款、征兵拉夫之事,里正便在村中仙殿前的四角台上,召开各村地方和大家族族长会,分派各项差事。

固义村中安、何、鲍、董等姓是村上老户人家,现在人口不太多。丁、刘、马等姓为明代移民时从山西洪洞县迁来。李姓有两支,一支是村上老户人家,一支是明代从山西迁到固义附近的村庄,后来又迁入固义村的。

旧时村中根据姓氏和居住集中情况,分有东王户、南王户、刘庄户和西大社四个居落。西大社包括了上述三个庄户以外的居住在村内西片的丁、李、马等杂姓人家。

旧时,村中大户人家都建有宗族祠堂,像李家祠堂、刘家祠堂、王家祠堂、丁家祠堂等。祠堂里挂有祖先画像和家谱轴帐。过年过节时,宗族内的男人都要集中到祠堂里,由族长主持,分辈次向列祖列宗行礼,以此来维系宗族关系。平时,宗族内部一应事务都由族长主持。族长由本族嫡系中辈分最高、年龄最长者担任。旧时,上级派下的粮、款、夫、丁之类事务也由族长向本族内各家分派。如今,李

固义村传统民居门楼

家祠堂的院落房屋还完好保存，位于村内前街中间偏西头路北，大门对面的房墙上镶有石刻寿星图一幅，石刻图两侧对联曰：福来同姓沾利，禄到合族享荣。横批是：寿无疆。不过，这个院落如今已有李姓人家居住，不是专用祠堂了。其他姓氏的祠堂也是如此。现在，只有在年节拜年和平常红白喜事的随礼中体现宗族关系了。

墙面石刻寿星图

固义村历史上曾出过几个较有名气的人物。西汉时的董黄全，因随其母在京城宫门外小卖而和太子相识，遂成莫逆之交，后来母子二人被召进宫内，董黄全被皇上收为义子，从而有了"御儿干天下"之称。明末清初时期，该村王勤任福建漳州总兵，其弟也在他的麾下任军职，后来全家迁往福建任所。过去王家祠堂在前街东阁外，坐南向北，祠中挂过王勤兄弟的画像。村中的刘姓在清朝同治年间出过一个钱粮官，品阶为九品登仕郎，家门前挂过刻有"名登天府"的横匾。

现在，固义村的家庭逐渐向小型化发展，即儿子成婚后便和父母分居，成为一个新的家庭经济实体。有的虽和父母同住一院，大多数也是分灶吃饭，各为独立的经济实体。三代或四代人为一个经济实体的大家庭已经很少见了。有的家庭儿女参加工作住在武安或更远的地方，家中只剩两个老人。

改革开放以来，农村实行家庭联产承包责任制，由原来的生产队集体劳动变成了家庭劳动。生产劳动对人力的需要，使村中出现了子女结婚多数不出村的现象。这种现象使村中家族间的关系更为复杂。

旧时，村中有大小寺庙十几座。现下，这些寺庙大都存在。寺庙中供奉着释、道、儒、俗各种神灵，说明该村村民的泛神信仰。佛堂寺内供奉着释迦牟尼、延寿药师佛和阿弥陀佛塑像。前街西阁下有座两进间的卷棚，里面供奉着观音菩萨；东阁、村北三眼阁顶上也供奉着观音菩萨。南小阁和西阁顶上是关爷庙，河神庙、老爷庙（即真武庙）也在西阁顶上。南山下奶奶庙里供奉着泰山奶奶，即云霄、碧霄、琼霄三家奶奶。南山上有胡爷庙，村内还有玉皇庙、龙王庙、火神殿、土地庙、五道庙、吕祖庙、三教堂、仙殿等。每座寺庙都有信奉该神灵的善男信女组成的香火社，适时为其烧香上供，守护寺庙。每年农历四月十五是固义村奶奶庙庙

佛堂寺大殿

会日，届时各地商贾摊贩都来固义赶会经商。村中家家户户都待亲戚请朋友，成为繁荣乡村经济、联络亲友感情的好时机。

村中关爷庙旧时曾有庙地45亩，村中失去土地的穷人只要交少量庙粮作为关帝庙的香火资，就可租种一定数量的庙地。待日子好转后，归还庙上，改由其他穷户耕种。庙上备有桌椅板凳和碗筷等，供村民过红白喜事时租用。

村民除信奉释、道、儒和民间神灵外，多数人存有灵魂观念、鬼魂观念、善鬼和恶鬼观念等。期望由阎罗王的鬼差捉拿和处置黄鬼，祈祷龙王保佑风调雨顺，虫蝻王保佑不生虫害等，便是固义村民间信仰的具体表现。固义村民喜爱唱戏和看戏，过去村中有过平调落子剧团。

由此可见，固义村很早以前就是这一带的政治、经济、文化中心，与外省外地的经济、文化交流方便，人们眼界较开阔，思想较活跃。这样看来，社火傩戏《捉黄鬼》以及其他各种民间艺术形式，能在本村保留至今，就是很自然的了。

二 武安傩戏祭祀演出的筹备工作

演出组织

旧时，固义村的祭神和社火傩戏演出组织，由以西大社为主的四个庄户的社首共同组成，与村级政权无直接联系。按照历史的惯例，西大社的社首户由丁、李、马三姓人家中的25户组成。他们是富家大户或者好事者的代表。这些社首户中有的家户如果因家境败落或其他原因，可以声明退出社首户组织，另由愿意出任社首户的家户替补。每5户社首户为一组，共分五组。每一次"起社"（即决定举行祭祀和傩戏演出），都由一组社首户为主出面组织，其余社首户配合。本届祭祀和演出全部结束后，在正月十七日上午举行换社首即过厨仪式，今年当值的社首户要向明年当值的5户社首户转交经费收支账目和结余资金。下届祭祀和演出活动即由这5户社首户为主组织，依次类推。

演出准备

如今的祭祀仪式和社火傩戏演出仍由这三姓中的原社首户组成的"社"主持,会首是李增旺,但已经没有5户一组轮流主持之说了。东王户、南王户和刘庄户的祭祀和演出,也由各自的社首组织主持。

参加祭祀和演出的演员、各种辅助人员都是由旧时传承下来的家户出人承担,父传子承。没有儿子的,设法由侄儿、女婿继承。每逢起社的年头,有演出任务而远在外地工作的人,到春节时也要赶回来参加演出。他们认为,不参加祭祀演出,在新的一年里本人和家庭都不吉利,不顺畅,甚至还会出事。所有的家户分别组成了演员组、柳棍组、棚台组、烟雾配置施放组、骡马组等。每组都有专户当头,带领本组家户,共同完成各组的既定事务。

1998年2月武安傩戏观摩研讨国际会议前后,特别是非物质文化遗产保护工作开展以来,固义村党支部和村委会领导成员也参加到傩戏演出和保护工作中了。

西大社演出准备

固义村街备用骡马

确定起社

正月至农历九月,当值的社首户们没有具体事务。一进农历十月,社首就要和其余20多户社首商量明年正月是否起社。如确定起社,社首户就要在十月初十以前某日,请西大社全体参演人员来"坐席"。具体做法是:用100斤大米、200斤胡萝卜、半斤辣椒、半斤油、盐适量,做成饭菜,铺上苇席,请大家来吃饭。借此机会告诉大家,明年正月要起社,请大家重视起来,并且开始背唱词,练功夫。

第二天，用同样多的米、菜、油、盐、辣椒，做成饭菜，铺上苇席，招待南王户、东王户、刘庄户三个庄户的社首和参演人员前来坐席，同时告诉大家明年准备起社，请开始排练节目，届时保证演出等。如今，坐席吃饭这一环节已经省去。

祭祀和演出所需经费的筹集

祭祀和演出所需经费须由本村村民募捐。社首对村民实行的原则是：有钱出钱，有物出物，有力出力。村民根据自己的经济实力，富有的多出，贫穷的少出，各自量力。旧时，不足部分则由25户社首户分摊。社首中有人专管财务，原则是收支公开。每次祭祀和演出之前，都要把村民募捐数字列榜上墙，让村民们心里明白。旧时，村中富有大户，家中发生过灾祸或者有过病人因而许过愿的，爱出头露面的好事者等，这几类家户大都出钱较多。如今的民营企业主、经商成功者，成了募捐的出钱大户。为了克服经费困难，社首们近几年在向各户村民募集的同时，也采取了向小煤矿矿主、经营工副业的人拉赞助的办法筹集资金。

募集上来的经费主要用于服装道具的添置、面具的制作、特殊补助、办公用品、招待参演人员等。演员所用服装、头饰过去都借用外村剧团的，1987年恢复演出后除继续借用外，逐渐购置了一些。旧时的面具都已损坏不能使用，恢复演出后根据老年人回忆，重新制作了一套。使用中有的不太理想，又进行了改制。同时对扮演黄鬼的演员，每次都要付给一定钱粮补助。因为在村民的传统观念中，黄鬼是个晦气的角色，妻子儿女双全的人，即使再穷也不扮演黄鬼。所以旧时的黄鬼，都是从乞丐或者抽鸦片抽得倾家荡产没有了生计的"大烟鬼"中去找人扮演，扮演后付

黄鬼

给一些粮食或干粮。1998年以前的黄鬼均由住在本村的河南籍农民万玉仲扮演，因为他一直独身，不在乎晦气不晦气，认为扮演黄鬼跟演戏扮演角色一样。每次演出后，社首都要付给他多少不等的补助费。后来他回原籍未回，每逢演出就从外地在附近村打工的青壮年人中聘请。演出时需要的旗帜、棚布、刀枪器械、乐器等都需要逐年购置。化妆用品、笔墨纸张等用品和其他零星用品也需要一定的费用，随着物价的逐年提高，演出费用也不断增加。但社首们执行"节约打紧"的原则，还是把演出搞下来了。

排练和演前准备

对于演出人员来说，从年前十月上旬吃过"席"开始，直至年后正月十三日，都是排练准备阶段。从十月上旬至十一月底，是演员各自背唱词、练戏功阶段。一进入腊月，就开始集中起来"响排"了。"响排"即集中合练。届时，西大社25户社首要轮流当值为排练人员服务，包括自备木柴、煤块、生火炉、烧开水等，一直服务到演出前。其他三

阎罗王登台

个庄户的排练情况，由各自的社首安排，由导演组织排练。

对于后勤、供应和导演人员来说，这是面具制作、服装道具的添置阶段。演出前的准备主要包括搭扎棚台牌坊，布置村庄，做好演出时必须用品的制备和购置工作等。

祭祀和演出时，村西场上要有玉皇大帝神棚，村南要有阎罗王台、曹官台和斩鬼台等，村中戏台也要布置一新。这些差事，都有专户负责。西大社社首规定，负责搭扎棚台的家户，正月初十必须动工刨窖儿。正月十三日这天必须搭起。

玉皇大帝神棚坐北向南，用木杆，棚布搭成，棚内摆有桌案。正月十五日上午，村民装扮的玉皇大帝要坐在棚内。阎罗王台在村南空地上，坐北朝南，木板搭成高台，背后有画着龙虎图案的屏风遮挡。曹官台在阎罗王台前东侧，坐东朝西，形制与阎罗王台相同，只是稍小一点，背后也有彩画屏风。斩鬼台在阎罗王台正南方50米处，亦称南台。用檩条搭架，顶上铺木板，木板之间的缝隙可以把黄鬼卸下去，四周用蓝幕布围着。斩鬼台旁有专门施放烟雾剂的人。烟雾剂原料：麦麸15斤、火硝2斤、白酒1斤、木炭粉40斤。配制方法是把麦麸炒干，但不要炒煳，拌上木炭粉、白酒、火硝，装在大肚小口瓷罐中即可。

斩鬼台

配烟雾剂

烟雾剂效果

戏台在村庄南侧，坐西向东，有房顶。观众席露天，座位是一排排砖垒水泥抹面的长条形。正中央东西方向有条通道，据说是神道。戏台和观众席有围墙围着，前后有两个朝南开的门。前门进出人，后门除进出人外，还能进出车辆。守住两个门口可以进行封闭式的营业性演出。届时，戏台上要挂天幕，贴对联，挂横额等。

整个祭祀和演出过程要动用骡马35匹。本村不够要从外村借，或由外村好事者送来。进了腊月十二日，就要用黄土垫圈，多加精料，不再打骂牲口。西大社还发了红布条，要求扎在骡马尾巴上，为的是避邪。正月十四日上午，要把所定骡马全部赶到前街中央旱池处进行检阅，看是否齐备。此事由两户骡马头负责。用牲口有个规定，即不用骒骡子。大概是因为骒骡子不生驹的原因吧。

演出中还有80名手持柳棍的村民助威。此事由西大社的3户柳棍头组织人员，准备柳棍。

戏台

柳棍队

街景

街景

仙殿在前街中央路北，届时殿前扎座牌坊，牌坊上贴着对联，插着柏树枝。前街上空，挂满了彩条和横幅喜庆标语，气氛非常热闹火爆。

正月十二日上午，西大社要把社内所有参演人员集中到卷棚下白眉三郎面具前举行净身子仪式。从这天起直至正月十七日，男演员都要和妻子分居，禁止房事，这叫"压身子"。

正月十二日这天下午，西大社社首还要发请柬把东头3个庄户的社首请来，互通演出准备情况，然后查看演出路线，演出场地。最后四个演出单位要抓阄确定演出队伍的前后顺序，以示四个单位地位平等。社首还要向所有参演人员、后勤辅助人员等发放黄纸条请柬，以表重视。

三 祭祀与傩戏演出盛况

固义傩戏由祭祀和演出两大部分构成。祭祀和演出有时单独进行，有时同时或交叉进行，有时在各自的场地进行，有时在同一场地进行，形式内容多样。

祭祀和演出在正月十四日至十七日正式进行，历时四天。

（一）正月十四日

正月十四日的主要活动是请神和亮脑子。

上午的主要活动是请神：请龙王和白眉三郎、白面三郎与赤锋三郎。请神队伍分两班，一班是西大社请龙王队伍，一班是东头三个庄户请三位三郎的队伍。西大社参加请龙王的有：锣鼓班，长（掌）竹，脸戏角色有城隍、武判官、五道神、土地神、绿脸小鬼、曾官（城隍的抱印官）；社首一人，端香纸供品者一人，村民若干人。

请龙王队伍敲锣打鼓，从前街李家祠堂门前出发，沿街东行，出东阁向北拐弯,出北阁不远就是龙王庙旧址。旧址前摆神桌一张,上摆龙王爷牌位和香炉。请神队伍来到神桌前,社首先上香,点纸钱,接着长(掌)竹吟唱请神词[见祭祀和演出中的特殊角色长(掌)竹]。吟唱毕,社首再次点燃纸钱,带领众人磕头跪拜;然后抱上龙王牌位,沿原路回到前街中央的仙殿里,把龙王牌位摆放在神案上全神牌位旁边。

请三郎

到村南奶奶庙里请三位三郎的队伍,敲锣打鼓赶到庙里,烧香跪拜后,把白眉三郎、白面三郎、赤锋三郎的木雕坐像移到抬椅上,抬到前街西阁下的卷棚(观音堂)内,观音堂前后两间,后间为观音堂,已用竹帘子隔开,前间为卷棚,神案坐西朝东,神案正中已摆有"天地三界十方万灵真宰神位"牌,左边从左至右是"山川社稷五谷花果苗稼神位"牌和"五方五帝兴云致雨龙王神位"牌,右边从右至左是"元宵会内盖罗边真宰神位"牌和"当年风伯雨师雷公电母神位"牌。观音堂右侧有一尊四尺高的石墩,白眉三郎的面具已经供在上边。

社首和村民把白眉三郎等三位神灵抬来后,白眉三郎坐右侧面向南,白面三郎和赤锋三郎坐左侧面向北。

从2007年起,三位三郎开始供奉在仙殿内。仙殿内也不再摆放全神牌位,改为多家神灵牌位。

亮 脑 子

"亮脑子",即彩排,是十五日正式演出前的预演。

午饭后,全村所有节目的演员和仪仗人员、执事等都装扮起来,依次排列,从前街西头向东走。走到村街中央的仙殿门时,所有骑马的角色都要下马。长(掌)竹面向仙殿门口吟唱道:"面如黑漆似锅底,英雄丑媸人难比。阴曹地府管牢笼,敕封一尊开路鬼[1]。盖世间管恶赏善,死后来查考文卷,管人间六道轮回,敕封为古城鬼判。十字街前盖下庙,五方恶鬼都来到,金殿也曾斩丧鬼,敕封一尊金五道。韩文公[2]珍珠密系,黄丝绦腰中紧系,因为他正直无私,敕封为本村土地。汤殷(阴)县祖业坟地[3],打铜锣不道到兵气("道",铸造,即不造兵器;"到"为赘字),因为他正直无私,敕封为四个太尉[4]。四神不离太阳星,化如天边走如风。一年四季他总管,年月日时四值神。在世间治国安邦,死后来入庙升堂。因为他正直无私,敕封为本县城隍[5]。昨日天边降值神,马蹄踏碎四方云。前有小鬼来引路,后有判官紧跟随。土地五道[6]值神司,本县城隍来请神。祥云蔼蔼空中转,仙(鲜)茶果品神前献。奏一曲消草(箫韶)[7]美乐,请哩尊神

---

1 开路鬼:《古今图书集成·神异典》卷四〇四引《贤奕》:轩辕黄帝周游,元妃嫘祖死于道,命次妃姆嫄监护,因置方相氏以防夜,盖其始也。俗名险道神,阡陌将军,又名开路神。又《破除迷信全书》卷十:……但是近年来此种方相的开路神已经变为纸扎的开路鬼了。见河北人民出版社出版《中国民间诸神》第483、484页。

2 韩文公:指唐代文学家韩愈。他被尊为朝廷翰林院和吏部公堂的土地神。见中国文史出版社《中国寺庙200神》第216页。

3 汤殷(阴)县祖业坟地:此句指岳飞。

4 四个太尉:固义村老人讲是四方之神。据此应为"四御",即四位天帝:昊天金阙至尊玉皇大帝、中天紫微北极大帝、勾陈上宫天皇大帝、承天效法后土皇帝祇。他们的地位仅次于道教中的"三清"。

5 城隍:中国古代神话中守护城池之神。宋朝时往往以于地方有功者祀为城隍。见①书第205页。

6 五道:①东岳大帝属神,掌管人们的生死与荣辱,地位比判官高。②盗神,百姓恐怕失盗,便祭祀之,求其手下留情。见中国文史出版社《中国寺庙200神》第206页。

7 箫韶:即大韶,相传为舜(有虞氏)时乐曲名,后来泛指庄重和美的乐曲。《书·益稷》:"笙庸以间,鸟兽跄跄。箫韶九成,凤凰来仪。"

亮脑子

登宝殿。"吟唱毕,四值神走一个圆场。然后队伍继续东行,到前街东头后,再从后街东头走到西头,目的是检阅整个演出准备和化妆情况,以确保第二天的正式演出。

(二)正月十五日

正月十五日的整个演出可分为踏边迎神、村街"摆道子"、西场演出、南台抽肠、村街庆贺、下午演出、晚上演出等7个阶段。

踏边迎神

大鬼、二鬼跳火

踏边,即将村里村外都踏走三遍,以驱除各处的邪祟。其差事由大鬼、二鬼和20名持柳棍村民完成。迎神,即将各路神灵迎到村内仙殿中。其差事由两个扎靠骑马的探马完成。十五日零点以后,村上便安置了更夫,敲着布更罗,由西向东各个过道(巷子)都打遍,提醒扮演各个角色的村民,不要睡过时间,误了化妆。实际上,此时两个探马和大鬼、二鬼已经在李家祠堂开始化妆。化妆毕，从院子中间的谷草火堆上走过，为的是避邪，保证演出顺利。然后，一块到村中仙殿、村西场上玉皇大帝神棚前磕头。敬请玉皇大帝和各路神灵降临本村，观看捉黄鬼，并与民同乐，享受人间供奉，然后再回到李家祠堂。

李家祠堂里化妆人员为众多演员画脸谱、上装，从午夜一直到十五日早晨上街摆道子的时候。

其他三个庄户也分别进行化妆准备。

凌晨3点，两个探马开始骑马出村迎神。大鬼、二鬼在20名持柳棍村民的簇拥下，开始踏边，以驱除村里村外的各种邪祟。踏边和迎神各三遍。第一遍，大鬼、二鬼按照东、南、北、西的方向和顺序，各走出村庄1华里远（不是绕村走）。两位探马骑着马也按照上述方向和顺序，各走出村外2.5华里，恭迎各路神灵。行动时不能说话，只能听到马蹄声。第二遍，大鬼、二鬼把全村两头通气的过道走一遍，探马按原方向和顺序走出村庄1华里迎神。第三遍，大鬼、二鬼把村中的大过道走一遍，小过道不再走；探马按原方向和顺序走出村外迎神。三遍已毕，大、二鬼和探马一齐

画脸谱

画脸谱

画脸谱

武安傩戏

踏边迎神

回到村中仙殿，向已摆好的全神牌位磕头，禀报各处邪祟已经驱除净尽，各路神灵已经迎来，差事已经完成。此时已是早晨6点30分了。

村街摆道子

村街摆道子即各种节目依次摆开的意思。早晨7点以前，迎门旗、文武执事和南王户、东王户、刘庄户的所有节目，已经在村街东头三教堂门前头向西，尾朝东，分南北两厢摆开。三十多匹骡马也已集中在道子外，供探马轮流骑用。与此同时，西大社的脸戏、赛戏戏出人物等已经集中在前街西阁下，等待道子过来。

近7时，大鬼、二鬼、跳鬼和黄鬼从三教堂前进入道子中间，开始作勾黄鬼表演。两探马同时也进入道子中间，轮流着往返闯道子——开路。三个鬼差勾黄鬼的表演情况是：大鬼在前，二鬼殿后，迫使中间的黄鬼就范。黄鬼走三步退两步，哆里哆嗦，不愿就擒。跳鬼则前后跳动，诱迫黄鬼。就这样进进退退，从队尾到迎门旗跟前，往返三遭，道子才往西挪动十多步远。四个鬼再往返三次，道子再往西挪十多步。如此往复多次，直到村街西阁下。此时西大社节目插在武执事后，也进了道子。三个鬼差和

闯道子

摆道子

官灯队

等候

黄鬼仍然往复舞蹈，直到村西场上玉皇大帝神棚前围圈设场，准备演出。村东头各庄户的节目也各自围场，准备演出。

这时候，迎门旗和武执事在西场上等候。三个差鬼和黄鬼则到预先安排好的户里取暖歇息。这样的歇脚点共有三四家，家中备有糖酒吃食。在村街闯道子时，三个鬼差和黄鬼也可以适时进去歇息取暖。这些家户之所以愿意让他们进家歇息，主要是认为三个鬼差的来临，能为其家驱除邪祟。

西大社的演出队伍围在玉皇大帝棚前。演出开始时，长（掌）竹站在神棚前右侧，面向观众，先吟唱一段请神词（与正月十四请龙王时吟唱的唱词相同）。吟唱毕，换用右手持竹子，指挥演员出场演出队戏《岑彭马武夺状元》。演毕，长（掌）竹指挥绿脸小鬼头顶香盘，跪在玉皇大帝神案前，社首接住香，点着后插在神案上的香炉中。同时、烧黄纸表文一张（表文为《十五日请上圣文》）。然后，绿脸小鬼抡锤做巡视、开路、前进等动作，演毕，仍回众神队列中，此即《吊绿脸小鬼》。

脸戏《吊四尉》

《吊四值》

《吊绿脸小鬼》

接着，长（掌）竹用竹子指挥脸戏角色中的四值、四尉先后上场，在锣鼓伴奏声中做跪拜、上马、下马、巡视等动作。此即脸戏剧目《吊四值》、《吊四尉》。

与此同时，其他三个庄户的演出场上，也各自演出武术、竹马、旱船、秧歌、狮子舞、高跷等节目。西场演出近1个小时，近12时结束。

南台抽肠

西场上演出的同时，东边已经开始了请阎罗王的仪式：西大社的文武执事、锣鼓班、大黄伞和大蓝伞，以及大鬼、二鬼和跳鬼，一起到李家祠堂，把已经在那里化好妆的阎罗王请到大黄伞下，曹官请到大蓝伞下。然后武执事在前，锣鼓班

高跷

 武安傩戏

东王户演出场地

队戏《岑朋马武夺状元》

竹马

打着请圣鼓点紧跟。三个鬼差殿后,一齐迎到阎王台前。阎罗王和曹官先磕头参拜各自的台了,然后升台坐在案后,准备断案。文武执事和锣鼓班仍回到西场,三个鬼差仍回歇脚点。

西场上节目演出完毕,仍旧摆开道子,三个鬼差在道子里来往三遍,勾着黄鬼往东闯。到了阎王台附近,三个鬼差把黄鬼锁住,在80名持柳棍村民的呼喝簇拥下,将其押在曹官台前接受预审。此时,置身在阎罗王案前右侧的长(掌)竹吟唱道:"劝世人父母莫欺,休忘了生尔根基。倘若是忤逆不孝,十殿君难饶于你。善恶到头总有报,为人何不敬爹娘。若问队戏名和姓,十殿阎君大抽肠。"唱毕,曹官把案卷往案前一展,同时说道:"呀……呔!展开生死簿,勾命鬼上堂,大鬼,二鬼,交上司发落!"三个鬼差和众人又把黄鬼押到阎王台前。阎罗王看毕呈来的案卷,念道:"左有鬼司右判官,观见訾偾在面前。十殿阎君我为首,敕封护国武殿员。领了玉帝之旨,命我捉拿訾偾。"接着宣判道:"绑到南台,抽肠剥皮!"大鬼、二鬼、跳鬼押着黄鬼向南台走去,押上南台后,大鬼挥叉,二鬼弄刀,开始动刑。跳鬼举着令牌在台上展示。持柳棍村民和各庄户节目,把南台团团围住,专门人员开始施放烟雾,台上开始破肚抽肠出彩,即把黄鬼衣服

南台抽肠场面

里塑料袋中装满红颜色水的鸡肠子拽出来抛向空中。此刻，现场成千上万的本村和外村观众，个个惊心动魄，一齐紧盯台上，全场鸦雀无声。出彩后，在滚滚的浓烟中，把黄鬼卸到台下的布围子里。三个鬼差从台上下来，向十殿阎君禀报行刑完毕。捉黄鬼演出至此结束。

押来黄鬼

黄鬼受审

 武安傩戏

抽肠

抽肠

村街庆贺

黄鬼被破肚抽肠后,演出队伍又从西阁下进入村街,边表演边向东前进,庆贺捉黄鬼的胜利。在前街和后街的卷棚、仙殿门前、东阁下、东阁桥外头、后街桃园、狮子口分别摆有六张香纸桌,庆贺的队伍经过每张香纸桌前,社首都要焚烧纸钱,长(掌)竹要吟唱唱词一段。比如在卷棚下香纸桌前唱道:"圣驾离霄降尘寰,合神恭迎到村间。报赛天地焚香跪,酬谢龙神

村街庆贺

庆丰年!"经过仙殿门口时,四值、四尉分别表演一番,其动作同玉皇神棚前。队伍走到村街东头,再转到后街,从东头走到西头,又转到前街西阁下,队伍才能陆续解散,各自回家吃午饭。结束时已近下午2点。

下午3点左右,在村中戏台上演出脸戏《吊掠马》和赛戏《长坂坡》。

晚上8点,在村中戏台上演出队戏《点鬼兵》和赛戏《虎牢关》。

在2003年元宵节演出时,还曾恢复了《祭鹿台》,并且安排在正月十五日晚上在村中戏台上演出。"鹿台"应为"露台",即戏台。祭露台即在戏台上祭祀天地神灵,确保演出顺利。

虎牢关

(三)正月十六日

正月十六日的活动主要为祭祀和演出。

上午8点开始,西大社社首带领锣鼓班和有关人等到村南地里祭虫蝻王,到村北地里祭冰雨龙王。

到村南地里祭虫蝻王,参加的有锣鼓班、武执事、长(掌)竹;脸戏角色城隍、武判官、五道神、土地、绿脸小鬼等。人员和供品是:社首2人,端香纸供品盘的2人。端盘上放着香、纸钱等;挑清水米面桶的1人,所挑的两只铁皮桶里盛着清水,里面撒着小米和面粉,沿途不断有人出来上香、纸钱和米面;五色纸旗(三角形)一束;持三眼铳者一人。

祭虫蝻王队伍敲锣打鼓,从李家祠堂门前出发,出南小阁,过洺河滩,来到南山下的地里,社首面向东南堆起一个小土堆,点上香插在土堆上。把五色纸旗插在祭场周围。长(掌)竹吟道:"昨日天边降值神,马

祭虫蝻王

蹄踏碎四方云。前有小鬼来引路，后有判官紧随跟。土地五道值神司，本县城隍祭虫王。祥云蔼蔼空中转，鲜茶果品神前献。奏一曲消草（箫韶）美乐，请哩尊神登宝殿。"吟唱完毕，敲锣打鼓，放三眼铳，点二踢脚，泼洒米面水，社首焚烧纸钱、表文，并带领众人磕头跪拜。表文上写道："社首△△△暨领合社人等 谨以香楮品物之仪 致祭于八蜡一切神位前曰 维神至灵 祷无不应 求无不通 飞虫远去 百谷告成 恩罩众圣 泽及下民 伏冀 神鉴 察兹微忱"烧完表文，众人见纸灰飞向西方，便开玩笑说："今年虫灾往山西边走了！"

仪式完毕，队伍沿原路回村，再到村北地里祭冰雨龙王。

祭冰雨龙王的仪式和祭虫蝻王过程基本相同。不同之处是，祭冰雨龙王时要当场把一只白公鸡的头剁掉，把鸡身抛向西北方向，表示敬献给龙王等神灵。祭冰雨的表文上写道："社首△△△暨领合社人等 谨以香楮品物之仪 致祭于当年龙神风雨雷电霹雳冰雹一切尊神案下曰 维神至灵 求之即应 感之遂通 甘霖调匀 烈风拂（弗）作 迅雷罔闻 上天施泽 下民沾恩 伏讫 昭鉴 察此小心 神其有之 来恪来歆 伏惟尚飨 社首△△△叩"。

上述两项仪式表达了村民对当年风调雨顺，虫害不生，百谷告成美好年景的迫切向往。

祭冰雨龙王　　　　　　　　　祭冰雨龙王

演　出

因为正月十五日演出时，外村人很多，本村人接待亲戚的任务很重，顾不上看演出，所以十六日上午9点，村东头三个庄户所有节目到村西头场上，和西大社的队戏（《捉黄鬼》除外）、赛戏节目集中在一起，然后向东进村街演出，让本村村民观看。下午3点左右，西大社在村中戏台上演出脸戏《开八仙》、赛戏《讨荆州》等。晚上8点，南王户、东王户和刘庄户在村中戏台上演出歌舞节目。至此，十六日全天的活动结束。

（四）正月十七日

正月十七日上午要完成的是送神、烧完表、换社首和过厨等几项活动。

送　神

上午村民分两班送神。一班把龙王牌位送到村北龙王庙遗址，一班把白眉三郎、白面三郎、赤锋三郎的塑像送到南山下的奶奶庙里。送神时，长（掌）竹有吟唱。唱词与正月十四日上午请神时的唱词一样，只是把"请"字改成了"送"字。

同时，社首领锣鼓班，带武执事、长（掌）竹和村民四十多人，在南山下的奶奶庙里烧完表，其做法是：社首上过香、烧过纸钱，一齐向白眉三郎等磕头，然后烧完表。表文写道："本坛巍巍　圣众合坐　尊神返驾回

送神

宫之余 高展电目之光 俯察愚蒙之隐 务赐千祥之福 亦除五瘟之灾 恩覃于三界临人间 凡蒙神惠 无不输诚 恪具完表 谨此告终"。至此，今年元宵的祭神仪式全部结束。

烧过完表，回到村里，西大社就要进行换社首和过厨仪式。换社首的方法是：今年当值的社首们把这次活动的收支结余账目向明年轮到的5户社首交代并转交。由这5户社首掌管明年元宵节期间的祭祀和演出，以及前期的募捐、排练等项准备事宜。

过厨就是对明年当值社首户的祝贺仪式。届时，长（掌）竹、赵公明、黄虎、灶神、大耗[1]、小耗[2]和送子观音到这5户社首家中。长（掌）竹吟唱道："小耗保年年康泰，大耗保降福豪光。门神[3]保斜么（邪魔）不进，土地保宅舍安康。灶神保善福水火，两下厢马祖牛王，四下厢师

---

1 大耗：星命迷信之说。谓岁中虚耗之神为大耗。（《协记辨方书·义例一·大耗》。见《汉语大词典》1360页）。

2 小耗：《协记辨方书·义例·小耗》："小耗者，岁中虚耗之神也……常居岁前五辰。"又引曹震圭曰：小耗者，小损也。……乃太岁气绝之辰。故曰小耗。……小耗常居大耗后一辰，未至于大耗，故曰小耗。

3 门神：司门之神，道家谓门神左曰门丞，右曰门尉。亦说是神荼、郁垒兄弟二人。

(室）宅师旺[1]，背坐着关公二郎[2]。出南海寻生救苦，敕封为送子观音。小耗大耗降吉祥，门神保佑得安康。白鹦哥空中飞舞，杨柳枝撒遍乾坤。增福财神来进宝，全神家堂过厨房。"唱毕，黄虎要在社首的炕上打个滚，据说这样就避了邪，家中一年不会有邪祟作怪。送子观音把布娃娃在社首炕上放一放，据说这家就人丁兴旺。

中午，西大社社首和本社全体参演人员集中在一起吃供饷，仍用100斤大米、200斤胡萝卜，食油、辣椒各半斤，盐适量，做成饭菜，再加上从神灵案桌上撤下来的供品，一起吃掉。

上述过厨、吃供饷仪式已经省略，自1987年恢复演出以来未曾进行。

四　武安傩戏演出的节目

武安傩戏的演出节目主要有队戏（包括脸戏即面具戏）、赛戏、花车、旱船、竹马、彩帏、狮子舞、舞龙、霸王鞭、秧歌、高跷、武术等民间艺术形式。演出时间集中在正月十四至十六日三天。包括西大社和其他3个庄户的所有节目：

（一）西大社节目

西大社社首户在20世纪八九十年代前后是李起来、李正年、李增旺等。现在是李增旺、李怀玉、丁李昌。导演是丁石全（已于2006年春去世）。

西大社节目共六类，参与演出的人员有250多人。队前打"顾义西大社"字样的迎门旗。演出的主要形式有：

1　师旺：即太公吕望，为周文王师。见《辞海》缩印本530页。
2　二郎：近代民间以杨戬为二郎。见《中国民间诸神》第543页。

 武安傩戏

- **锣鼓套**：大架鼓1面，大镲2副，堂锣2面，开道锣2面。
- **文执事**：迎门旗1面，六棱灯笼4盏，飞虎旗6面；牌6面，高4.5尺，其中"国子监"牌、"贡元"牌各2面，"登仕郎"、"修职郎"牌各1面；大黄伞、大蓝伞各1把，伞高7尺；扇一把，高8尺。
- **武执事**：开路牌1对，柄长5尺，上写有"三郎神通"的绿色长牌；红油棍1对，长5尺；金瓜、钺斧、朝天凳、方天戟、长柄刀、龙头各1对。

西大社迎门旗

开道锣

贡元、修职郎、登仕郎牌

打灯笼

武执事

队戏角色（包括脸戏）11出：

- 《捉黄鬼》角色：大鬼、二鬼、跳鬼、阎罗王、曹官、黄鬼，以及四个小鬼。
- 《十棒鼓》角色：挎鼓男子、烟花女子，6~13岁男孩3个，女孩2个。
- 《岑彭马武夺状元》角色：岑彭、马武、王莽、王风。
- 《吊四值》角色：戴面具的年、月、日、时四值神。
- 《吊四尉》角色：戴面具的东、西、南、北四方当值神。
- 《吊绿脸小鬼》角色：绿脸小鬼。

四值

四值

四尉

四尉

- 《吊掠马》角色：关公、颜昭、探神。
- 《吊黑虎》角色：赵公明、黄虎、探神。
- 《点鬼兵》角色：白眉三郎、探神。
- 《开八仙》角色：八仙、柳树精及寿星。八仙即汉钟离、吕洞宾、张果老、曹国舅、蓝采和、李铁拐、韩湘子，加上花杨女，而不是何仙姑。另外，又出了个张四郎。柳树精是八仙的弟子，头顶柳树枝。

八仙

八仙

- 《大头和尚戏柳翠》角色：大头和尚、柳翠。

  赛戏角色：
- 《虎牢关》角色：关公、刘备、张飞、华雄、吕布、董卓等。
- 《长坂坡》角色：刘备、张飞、赵云、甘糜二位夫人等。
- 《讨荆州》角色：鲁肃、刘备、诸葛亮、孙权、吴国太、乔国老等。

赛戏角色

赛戏角色

赛戏角色

探马

其他角色：

- **长（掌）竹**：后有专述；
- **探马**：共两名。一名白盔白靠背白旗，净脸；一位黑脸黑头盔背黑旗，净脸。二人均骑马，演出时负责迎神和开道。

（二）刘庄户节目

刘庄户的社首从20世纪80年代以来一直是刘魁昌（兼任导演）、刘有庭等。

节目共13种，演员100多人，队前打"刘庄户"迎门旗。主要演出形式有：

- **武　术**：30人；
- **旱　船**：5人，另有外请吹歌班6人；
- **高　跷**：扮演《西游记》中唐僧、孙悟空、猪八戒、沙僧等角色，另有外请吹歌班6人；
- **跑　驴**：2人；
- **秧　歌**：20名小学生；
- **霸王鞭**：20名小学生；
- **狮子舞**：大狮子1只，小狮子2只，逗狮郎1个，共5人；

刘庄户迎门旗

高跷

- 跑猪（2007年）：1只；
- 猪八戒背媳妇：1人；
- 花车：3人；
- 推车逃荒人：3个，古装老两口和一个小孩，说是武安地震了，往山西逃，是本村人对旧时地震灾害的记忆；
- 椒树精：1人，穿灰色长棉袍，背椒树枝；

 武安傩戏

耍狮子

二老逃荒

- **莫官坐翘轿**：莫官1人，掌翘杆村民若干人。翘杆向斜上方伸出一丈多长，翘杆后头固定在有双轮的支架上，利用杠杆原理，上下可以翘动，民间也叫霍杆。翘杆中间坐一个扮成县官的小孩，其身后有一块牌子，上写道："我小官山西沁源县莫家庄人氏，名莫能，前往长治县上任，路过清漳河，跨一河马去也。"还有一差人跟其步行。

莫官坐翘轿

（三）东王户节目

东王户的社首是王正谦、王堂栓，老导演是王社成。

东王户节目共10种，演员150多人，原打"顾义同顺班"迎门旗，2003年演出时打"武安顾义东王户"迎门旗。演出的主要内容有：

- 花车：多人；
- 跑驴：2人；
- 《西游记》人物：唐僧、孙悟空、猪八戒、沙僧，师徒4人；
- 七品芝麻官坐轿：芝麻官和轿夫4人，共5人，另有外请吹歌班6人；
- 小歌舞、三句半、快板：30名小学生；
- 武术：100人；
- 火龙：1条，耍龙人20名；
- 军乐：4人。

东王户迎门旗

花车

跑驴

 武安傩戏

舞龙

（四）南王户节目

南王户的社首是王迎州、王延明。老导演是王化南。

南王户的节目有10种，演员100多人，打"中南境"迎门旗；后来旗上改为"南王户"。演出的主要内容有：

- 锣鼓套：6人；
- 武术：30人；
- 狮子舞：大狮子1只，小狮子2只，逗狮郎1人，另有锣鼓套4人，共9人；

南王户旗

- 竹马《审马龙》队戏角色：马龙、裴玉娥、杜金莲、山大王；
- 跑驴走娘家：2人；
- 七品芝麻官（骑马）：1人；
- 霸王鞭：20名小学生；
- 秧歌队：30名小学生；
- 三句半（四老汉）：4人；
- 卖膏药：2人。

每次演出时这些节目都基本固定，但是随着社会的发展变化，节目也有所增加和变化。

城隍与曾官

演出

秧歌

彩帏

五 祭祀与傩戏中的特殊角色——长(掌)竹

固义村的祭祀和队戏，特别是脸戏演出中，有一个特殊的角色——长(掌)竹。他的扮相是：净脸，不带髯口，头戴戏曲中的小王帽子，身穿红色简易袍，下身穿红色彩裤，脚穿薄底快靴。上场时，左手贴身紧握一根2尺长的竹竿。竹竿鸡蛋般粗细，上半截劈成28根细篾(与28星宿暗合)，又用红绸子束住。长(掌)竹借助这根竹竿，可以指挥角色上场。

长(掌)竹由村民扮演，他不是巫师，也不由巫师扮演。在请神、祭神、送神等仪式中，长(掌)竹都在场，并且吟唱有关唱词。在这些场合，长(掌)竹的作用类似巫师。在队戏，特别是脸戏即面具戏演出中，他不是剧中人，而是类似我国宋金杂剧中的引戏人竹竿子，是开场词、剧目唱词的吟唱者。现分述如下：

长（掌）竹

长（掌）竹在请神仪式中：

正月十四日上午，西大社请冰雨龙王的队伍走到村北龙王庙遗址的神案前，社首烧香、上供，长（掌）竹的吟唱词与村街庆贺时的唱词基本相同，只是没有最后四句。这段吟唱词实际上是列举前来迎请龙王的面具角色，如：开路鬼、判官、五道神、土地爷、四尉、四值、城隍等。

在镇宅、送神、过厨等仪式中，长（掌）竹也有唱词。

长（掌）竹在队戏演出中：

正月十五日正午，在队戏《捉黄鬼》演出到宣判处置黄鬼前，长（掌）竹在阎罗王案旁吟唱道："劝世人父母莫欺，休忘了生尔根基。倘若是忤逆不孝，十殿君难饶于你。命二鬼绳拴索绑，到南台抽肠剥皮。善恶到头总有报，为人何不敬爹娘！若知队戏名和姓，十殿阎君大抽肠！"《大抽肠》是《捉黄鬼》的别名。唱毕，把黄鬼押向斩鬼台行刑。这是长（掌）竹只吟唱开场词不吟唱全剧唱词的类型。这类剧目还有《吊四值》、《吊四尉》、《吊绿脸小鬼》等。

长（掌）竹

在其他脸戏剧目如《吊掠马》、《点鬼兵》中，长（掌）竹除唱开场词，指挥角色上场演出外，还要吟唱该剧的全部唱词。《开八仙》和上面三出剧目不同之处是，八仙中的每一位都有一段介绍自己生平事迹的唱词，长（掌）竹的唱词减少了。这是脸戏由唱、做"两张皮"向演员连演带唱的代言体衍变的一个实例。

长（掌）竹用第三人称吟唱故事，比如称关公为"这位老爷"。除《开八仙》外，角色多没有唱词和念白、对白。因此，一出戏的脚本就是一部唱词，演出即长（掌）竹一个人唱故事，众角色配合他演出。

长（掌）竹的吟唱处于吟唱向唱腔过渡的初级阶段。唱词以七字句式为主，间有长句和五字句，大都押韵。

武安傩戏
WU'ANNUOXI

武安傩戏中的队戏、脸戏与赛戏

武安傩戏以《捉黄鬼》为主，配合其演出的还有队戏（包括脸戏即面具戏）、赛戏，以及花车、旱船、龙灯、狮子舞、武术、霸王鞭、秧歌等多种民间艺术形式，热闹非凡。

 武安傩戏

腰鼓

跑驴

高跷

一 队 戏

队戏是中国古代的一种重要的表演艺术，活跃于隋唐，兴盛于宋代，延续至明清时期。每一朝代的队戏都有自己的规制与表演内容。它与中国戏曲的雏形——宋杂剧与民间的迎神赛社的演出有着密切的关系。武安傩戏中，正月十五日中午对黄鬼动刑前，长（掌）竹吟唱词中就有"若问对（队）戏名和姓，十殿阎君大抽肠"之句。可以说，《捉黄鬼》在艺术形式上属于队戏范畴。此外武安傩戏中属于"对（队）戏"的节目还有《大头和尚戏柳翠》、《十棒鼓》、《开八仙》、《点鬼兵》、《吊掠马》、《吊黑虎》、《吊绿脸小鬼》、《吊四值》、《吊四尉》、《岑彭马武夺状元》、竹马《审马龙》等，共计12出。

《捉黄鬼》是一出街头队戏，演出场地从村中前街到村西打谷场，最后到村南曹官台、阎罗王台和斩鬼台。时间从正月十五日早晨到中午。剧情和演出情况是，在村街中，主要是三个鬼差诱迫黄鬼就范，而黄鬼畏畏缩缩，不愿就范。在曹官台和阎罗王台前主要是预审和审判黄鬼，最后到斩鬼台受破肚抽肠之极刑。

关于队戏剧目《捉黄鬼》的来历，固义村民传说是明朝中叶从"口外"传来的。"口外"指晋北和内蒙古一带。而实际上是从河北蔚县小五台山学来。具体情况是：那时候固义

探马开道

捉黄鬼情景

曹官升堂

武安傩戏

村的丁端到口外给别人家割大烟挣钱糊口，秋末冬初时候得了一场病，病情时轻时重，直病到腊月。有天夜里，丁端在似睡非睡中忽然听到一阵銮铃响声，接着是开门声和马蹄声、进院声。来人把马拴在院中树上便进了屋。丁端睁眼一看，炕前站定一位身高余丈的威武人物，一身武将装束，脸上两道白眉特别明显，他问丁端："你的病想好吗？"丁端说："咋不想好啊。"接着反问来人："将军，你是哪里人啊？"来人说："我是固义人，咱是老乡。"丁端心想，固义村从东头到西头的人我都认识，没有这个人啊，就问："你在固义村哪里住啊？"来人说："我在固义小南庄住。"说着从口袋里掏出两包药，递给丁端，说："用白开水送到腹内，几天就好了。"丁端感激地说："我怎么感谢你呀？"来人说："不用感谢，你回家时把一副对联给我捎回去就行了。"丁端说："对联在哪里？"来人说："你走时就有了。"说着就牵马走了。丁端想追出去问个明白，一翻身咕咚醒了，原来是一场梦。他躺在炕上，细想梦中情由，小南庄？洺河滩南边就一座奶奶庙，白眉三郎爷塑像也在里边。啊——难道是三郎爷给我送药来了？

从那天以后，丁端的病一天天好了起来。他想回老家过年，掌柜说："你病了一冬天，离家那么远，冰天雪地的怎么行。给家捎封平安信，过年后暖和了再回去吧。"丁端听掌柜的话有理，就打消了回家过年的念头。过罢大年，就听人们说，过正月十五时，附近各村都扮演节目，到小五台山山门前演出，可热闹哩。丁端想，我也爱演节目，到时候一定去看热闹。

正月十五那天，丁端和伙计们向掌柜请了假，一同到小五台山看热闹。到了那里，只见山门左边一行节目，山门右边一行节目，中间是进香人走的道。丁端循道走到山门，回头往下看，左边一行是高跷、武术、花车、旱船等。右边一行是《捉黄鬼》、《岑彭马武夺状元》和高阁大架等。两行节目，跟一副对联一样。丁端心想，这不就是白眉三郎让我捎的对联吗？想到这儿，他对各种节目看得更细心了。边看边琢磨，《捉黄鬼》和《岑彭马武夺状元》等很有意思，老家各村都没有这种节目，我着重就学这几样吧。

过罢正月十五，丁端抽空还往演《捉黄鬼》的村子去了两次，详细询问《捉黄鬼》、《岑彭马武夺状元》的角色、化妆、排演和唱词抄本等，终于学到了手。进了二月,天气暖和了,丁端的身体也强壮起来。他跟掌柜请了假,要回家一趟。丁端回到固义村,把身患重病,夜梦白眉三郎送药,小五台山演出《捉黄鬼》等节目的事给本族的人说了,引起了族人的极大兴趣。他们议论说,咱们排练出来,过年时给白眉三郎演吧。丁端说:"这几种节目用人很多,光咱丁姓人家演不起来。"族人说:"那咱跟李家、马家商量一下,几姓共同演。"派人跟李家、马家一商量,都愿意参加。

说话不及又秋罢了,村里人都知道村西头三姓人家要排练《捉黄鬼》和《岑彭马武夺状元》等节目。村东头刘家、南王家和东王家三个家族的人也议论开了,人家排练《捉黄鬼》等,咱们分头排练别的节目,到时候和村西头一起演出不好吗?大家都同意,派人到西头一商量,都说:"这更红火热闹了,好啊!"就这样商量定了。村西头是几姓合演,经几户族长商量,各姓中共25户人家为社首户,每年有5户为常任社首,主要负责当年事务,一年轮换5户,依次类推。固义村民给《捉黄鬼》等节目的来历蒙上了一层神秘色彩,吸引众人参与并使之长期流传下来。

《捉黄鬼》的角色主要有:

三个鬼差:即大鬼、二鬼和跳鬼。大鬼、二鬼,头戴蓬乱长发头套,蓝白条纹相间的脸谱,身穿黄色虎皮纹坎肩和单裤。腰束宽带,手腕戴铜环。大鬼手持

三个鬼差

武安傩戏

钢叉、铁链，二鬼手持钢刀，行动大摇大摆。他们是阴曹地府阎罗王的差役。三鬼也叫跳鬼，是在阴曹地府协助大鬼和二鬼捉拿黄鬼的。他头戴圆形尖顶红缨帽，身穿靴子衣，面蒙黑纱，白涂眼圈和口轮，身背案卷公文，一手拿令牌，一手拿折扇；演出中对黄鬼前后引逗，迫使其就范。动作特点是：前后不停地做后踢跳，故亦称其跳鬼。因其动作过大，所以安排了四个演员轮流扮演，及时轮换。

黄鬼：集中了洪涝、干旱、虫灾、病患等灾异的人格形象，是目无国家法规，不服父母管教，忤逆不孝，欺负妻儿弱小，无恶不作者的集大成者。其身着土黄色短衣、

跳鬼

押黄鬼

裤,头发、脸部和身上也涂成黄色,四肢各固定一把效果假刀,好像刀砍入肉中一样,鲜血淋漓。表演中他浑身哆嗦,畏缩不前。

阎罗王:阴曹地府的主宰。蓝白色相间脸谱,眼部罩两半个挖有孔的乒乓球壳,显出两眼突出的效果,身穿蟒袍,头戴王冠。

曹官:阎罗王的属官。蓝白色相间脸谱,两眼突出如阎罗王,身穿黑色蟒袍,头戴长翅乌纱,负责预审黄鬼,并向阎罗王转呈案卷。

阎罗王(右)与曹官

《十棒鼓》:是一种主角用韵白对答,配角应和,配有表演的艺术形式。开演之前,锣鼓班先吟诗一首:"张飞上阵甚是儒,不打铜锣不摇鼓。若问对(队)戏名和姓,今日打个十磅(棒)鼓!"角色有一男一女和五个小孩,男的由丑角扮演,鼻梁上画着白方块,身穿长袍,身前挎一面小鼓,边敲鼓边叙说自己的身世:"家住山西山山西,我去山东做生意。打了三年没回家,老婆子生了仨小儿俩闺女。"然后招呼其妻领着孩子前往固义村看《大抽肠》即《捉黄鬼》。其妻领着五个孩子上场,数道:"我的名字叫老鸨子。老鸨子我生哩贱,我生在烟花院,要得有人来嫖我,还得二百现打现。"演出中全用戏谑逗乐的地方土语和民间趣事取悦观众,韵白没有更深刻的内容。演出中对答词和表演各重复十遍,故名《十棒鼓》。

《大头和尚戏柳翠》:属哑剧类。角色只有大头和尚与柳翠,二人均戴大头壳面具。内容是柳员外之女柳翠与大头和尚相爱,受到父母的阻拦,柳翠不顾这些,毅然与大头和尚私奔。固义村恢复演出的只有柳翠与大头和尚私奔的场面。

武安傩戏

大头和尚

其表演情况是：开演前，锣鼓班念道："今朝有酒今朝醉，东街倒道（到）西街内。若问对（队）戏名和姓，大头和尚戏柳翠。"念毕，大头和尚上场，在锣鼓声中做张望、探路、圆场等动作，然后坐在椅子上等候柳翠。柳翠上场，在锣鼓伴奏中做张望、探路、圆场、小解等动作，接着和大头和尚约会调情，最后大头和尚背着柳翠一同私奔。

这是一个古老的节目。南宋周密所著的《武林旧事》一书中记述当时南宋都城元宵节期间上街表演的舞队，其中一出就是"耍和尚"。有关学者认为，这是"民间艺人根据发生在临安的一桩佛教轮回、冤冤相报的传说——'月明和尚度柳翠'编演成的滑稽舞蹈，对崇高如神的佛家人物加以嘲弄"（参见《宋代城市风情》，黑龙江人民出版社，第3页）。

《月明和尚度柳翠》的梗概是：南宋高宗绍兴年间（1131～1161年）温州府永嘉县崇阳镇人柳宣教科举及第，皇上授予临安府府尹之职。他到临安赴任时，因为城南竹林峰水月寺住持玉通禅师没有前往迎接，他到任后嫉恨在心，暗差妓女吴红莲前往水月寺中，设法勾搭玉通禅师。玉通抵

戏柳翠

不住其色相诱惑，终于犯了佛家的"淫色戒"。玉通觉察到受骗之后，愤然圆寂，并投胎到柳宣教夫人胎内，出生后就是柳翠翠（后改叫柳翠）。柳宣教任期已满，正准备离任还乡时，却患流行病而死。柳夫人和女儿柳翠只得在临安城住下。后来柳翠被生计所迫，沦为妓女。后经皋亭山显孝寺月明禅师超度。故事宣扬了生死轮回和冤冤相报的思想（详见《古今小说》第二十九卷《月明和尚度柳翠》）。

从上述文字中可以看出固义村演出的《大头和尚戏柳翠》与《月明和尚度柳翠》的内容是有所差异的。笔者认为，《戏柳翠》是《度柳翠》在演出过程中的简化和改编，二者之间也许存在着一定的渊源关系。

固义村把《岑彭马武夺状元》也列入队戏范畴，实际上它属于赛戏。它的剧情完全由角色吟唱和表演完成，角色画脸谱，穿戏装，用锣鼓伴奏，唱腔属吟唱型。该剧角色主要有岑彭、马武、王莽、王凤。剧情是：王莽篡位后，开科选拔武状元。岑彭和马武都来应选，经过一番较量，岑彭被选中，马武落选，大为不服。该剧正月十五日上午11时许在村西场上玉皇大帝神棚前演出。

 武安傩戏

队戏《岑彭马武夺状元》

夺状元

审马龙

竹马《审马龙》：竹马的特点是各个角色的腰间都挎一具马头马尾道具。因为道具是用竹篾扎成骨架后，糊上纸或布彩画而成的，所以称为竹马。

固义村南王户竹马扮演的是武安平调传统剧目《审马龙》中的四个角色，即马龙、裴玉娥、杜金莲、山大王。这出戏的情节大致是：明朝时候魏兵部（尚书）的儿子魏虎、魏英在小店中对裴玉娥非礼，还要抢她回府成亲。裴玉娥有武艺在身，一怒之下将两人劈死，留下她丈夫马龙的姓名，然后逃往青龙山，和山大王结拜为兄妹。魏兵部却捉拿住马龙，派三位官员严加审问，可四下不时传来"马龙造反"、"马龙杀人"的探报。三位官员中有一个刘定魁，曾奉皇上之命树旗招兵，准备讨伐云南小清王。当年马龙听从别人劝说，前去投兵，可他去得太晚，兵已招完，没被招收。恰在这时，云南小清王来犯，刘定魁率部迎敌，却被小清王打败。马龙见状，心中不平，气愤地说："小清王，你打败人家还不行，还要赶尽杀绝，太过分了吧？"小清王说："你休管闲事！"说着向马龙连刺三枪。马龙顺势夺过他的枪，一个凤凰点头，上去把小清王拉下马打死，马

龙骑上小清王的马跑了。刘定魁一直记着马龙的救命之恩,所以对另外两位官员说:"咱们审细点,防止魏兵部害人。"这才保住了马龙的性命。这时候,青龙山大王作乱,马龙为感谢刘定魁的救命之恩,毅然请战道:"请大人给我一支枪、一匹马,我要去青龙山捉拿山大王!"刘定魁说:"你一个人不行,还须请皇上派兵。"于是上殿奏本,讨了帅印。这次是刘定魁挂帅,马龙先行,魏兵部押运粮草。马龙担心魏兵部故意发难,不发粮草。魏兵部果然暗通山大王,让其派兵下山把粮草烧了。刘定魁禀报皇上,皇上重新发了粮草。马龙来到青龙山下叫阵,裴玉娥下山,向丈夫说明了她上山投奔山大王的原委。马龙说:"你闯下大祸走了,叫我遭多大的难啊。"拍马近前要杀妻子,可又胜不过她。裴玉娥问他:"你此次前来,为了什么?"马龙说:"为的是讨伐山大王。"裴玉娥说:"你在山下等候,待我上山把他骗下来。"她回到山寨,向山大王说:"山下官兵好生厉害,请山大王下山,咱们一同对付他们。"山大王不知道裴玉娥使计,便披挂整齐,杀下山

队戏《审马龙》角色

武安傩戏

来。裴玉娥趁此时机,派兵把山寨烧了。马龙在山下捉拿了山大王,和妻子一同投了明朝。正月十五的演出中,4个角色只跑圆场,演出剧中的选场。

从上述介绍和分析可以看出,固义"对(队)戏"是一个宽泛的概念,其除包含脸戏、赛戏类剧目外,还包含《十棒鼓》、竹马《审马龙》片段这样的表演唱、道具舞类节目。之所以如此,大概是因为它们都参加了正月十五日走街的缘故。因此,"对"戏应为"队"戏。

二 脸 戏

固义脸戏虽然属于队戏范畴,然而因为角色戴面具,表演上又有自己的独特之处,故作专门叙述。脸戏剧目,除《点鬼兵》已作介绍外,还有《吊掠马》、《吊黑虎》、《开八仙》、《吊四值》、《吊四尉》、《吊绿脸小鬼》等几出,现分述如下:

《吊掠马》的演出情况和内容梗概是:长(掌)竹在台口做正冠、拂尘、亮相等动作完毕,先吟唱道:"一树梨花开满园,旌旗不动搅旗幡。若知太平无司马(厮杀),太平人贺太平年。少打伤人剑,长磨克己刀。万物凭天理,灾祸自然消。打鱼人手执勾杆,遇樵夫斧押(掖)腰间。二人相见到江边,说起了半谈寒筵(半天寒暄)。说不尽古今心肺(腑),免二字饥寒。你归湖去我归山,劝君把闲事少管。一言未尽,

《吊掠马》

《吊掠马》

《吊掠马》

探神来也。"(《点鬼兵》、《吊黑虎》、《开八仙》的开场词与此相同）。唱到此时换用右手执竹子，侧身向台口里面，指挥这出戏的主角关公和探神出场表演。戏台中后方摆一张桌子，桌子上又放一把椅子。关公坐到高处椅子上，探神在桌前做巡视、参拜、上香等动作。社首端一个方盘上场，将一张黄纸表文在桌前焚化（表文上的文字是《关圣位前烧吊掠马文》）。这时长（掌）竹开始吟唱关公的身世。从姓名字号及在蒲州老家杀死熊虎员外一家十八口人，逃命来至范阳郡，与刘备、张飞桃园三结义，一直唱道古城外斩蔡阳，长沙府夜战黄忠的辉煌经历。接着唱战黄忠时在营帐内夜读《春秋》，颜良的儿子颜昭前来复仇。关公看他年少，将他放走。他投奔东吴被拜为领兵大元帅天下都招讨，前来向关公挑战。在长（掌）竹吟唱时，关公从高处下来，大致按唱词的内容，和颜昭做交锋的动作，直至把颜昭压在刀下为止。

脸戏《吊掠马》中的关公（左）《点鬼兵》中的白眉三郎（右）

《吊黑虎》

查《三国演义》第五十三回"关云长义释黄汉升，孙仲谋大战张文远"，其中没有颜昭替父报仇的情节，很可能是早期三国戏的遗痕。待考。

《吊黑虎》的主角是商代赵公明，他替商纣王伐周，姜太公用法术将其咒死，封为正一龙虎玄坛真君。他戴铁冠执铁鞭，黑面浓须，身跨老虎，下辖招宝天尊、纳珍天尊、招财使者、利市仙官等四神，被民间奉为财神爷。

武安傩戏

八仙角色

小八仙等

脸戏《吊四尉》

演出时，他出场后坐在台中央桌子上的椅子上，探神向他烧香上供，接着黄虎上场，奔扑跳跃一番，最后赵公明从高处下来，把黄虎压在鞭下。

《开八仙》：开，是宋元戏曲术语。人物在每剧或第一折上场时，不唱而先念诵诗词或说白，称作"开"。《开八仙》，顾名思义，就是八仙开说的意思。实际上，这出戏的演出中，除了长（掌）竹吟唱开场词和大部分唱词外，众仙都有一段"开说"。这出戏是这样演出的：

开场前，寿星已经坐在台子中央的高桌上。长（掌）竹上场后做正冠、拂尘、亮相动作后，吟唱开场词。唱毕，改换右手用竹子指挥角色上场演出。蓝采和首先上场，他手持阴阳板，吟唱自己的生平。唱毕和新上场的汉钟离呼应、对舞一番。蓝采和站在右侧。汉钟离吟唱自己的生平事迹。唱毕，汉钟离站在右侧，蓝采和出列，和新上场的吕洞宾呼应、对舞。舞毕，蓝采和站左侧，吕洞宾吟唱自己的生平。吟唱毕，吕洞宾也站左侧。蓝采和出列和新上场的张四郎呼应、对舞。舞毕，蓝采和仍站左侧。张四郎吟唱自己的生平事迹。唱毕，张四郎也站左侧。蓝采和出列和新出场的铁拐李呼应、对舞。舞毕，蓝采和站右侧，铁拐李吟唱自己的生平事迹，唱毕，站在右侧。这样依次类推，张果老、曹国舅、韩湘子和花杨女先后出场，共九位神仙，形成左五右四的队列。最后蓝采和迎接头顶柳枝的柳树精上场。他们呼应、对舞一番后，柳树精也吟唱自己的生平和事迹。唱毕，坐在戏台后边中央，意思是变成了一棵柳树。长（掌）竹接着吟唱唱词。

脸戏《吊绿脸小鬼》　　　　　　　　　　　脸戏《吊四值》

唱毕，众仙和柳树精一同向寿星作揖拜寿，然后退场，剧终。戏中八仙和柳树精画脸谱，寿星戴面具。

    关于八仙，元代马致远《吕洞宾三醉岳阳楼》中，没有何仙姑，却多了一个徐神翁。在别的杂剧中没有何仙姑，却有张四郎。或者没有张果老，而有徐神翁或张四郎。固义村的《开八仙》中没有何仙姑，而有一个花杨女，她自己的唱词中说自己是"手打渔鼓唱道情，变化多端花杨女"，其详情待考。自明代吴元泰《东游记》和明代汤显祖《邯郸梦》问世后，八仙才固定为汉钟离、蓝采和、吕洞宾、张果老、韩湘子、李铁拐、曹国舅和何仙姑。从固义《开八仙》中没有何仙姑，却多张四郎和花杨女的情况判断，该剧本写作时间当在明代以前，是一部古老的剧本。

    关于柳树精，元曲中有一出《吕洞宾脱度城南柳》，内容是岳阳城内的一棵古柳有仙风道骨，吕洞宾奉师父汉钟离之命，将王母娘娘给他的蟠桃化为桃树，和柳树结为夫妻树。经过几番周折，使桃树精和柳树精都投胎成人，结为夫妻。最后将他们度化成仙，飞赴瑶池，伺候在王母娘娘身边，永享仙寿。

《吊绿脸小鬼》、《吊四值》、《吊四尉》属于哑剧范畴，正月十五日上午11时在村西场上玉皇大帝神棚前演出。长（掌）竹吟唱毕开场词（与正月十四日上午请龙王时相同），绿脸小鬼和四值、四尉先后上场，向玉皇大帝神位做跪拜行礼动作，接着做上马、巡视、进退、下马等动作，然后分别退场。

三　赛　戏

赛戏，亦称社戏。社，即社神，就是土神。孔颖达疏引汉许慎曰："古代谓土地神，今人谓社神为社公。"《礼记·郊特牲》："社祭土而主阴气也"。 汉代蔡邕《独断》卷上："社神，盖共工氏之子勾龙也，能平水土。帝颛顼之世，举以为土政，天下赖其功，尧祠以为社。凡树社者，欲令万民加肃敬也。"由此可知，社神祭祀始于尧帝或更早。社戏，原是唱给社神的戏剧。赛，报答、报赛的意思。古人祈求神灵佑护，必然许愿；认为灵验后，就要还愿。还愿就要烧香、上供、贡献牺牲等供品，还要有娱神节目。赛戏，就是报赛神灵之戏。当社戏泛称为赛戏的时候，报赛的对象已经扩大为包括社神在内的多家神灵了，所以又出现了"迎神赛会"的说法。

关于后世赛戏艺人的来历，明朝时候山西有专门从事"赛赛"的"乐户"。他们的先人原是建文皇帝朱允炆的忠臣，因为反对燕王朱棣的篡位行为，后被称帝（明成祖）的朱棣杀害。他们的家眷受株连，被贬到山陕一带为"乐户"，男的被称为"王八"，女的被称为"赛姐儿"，世代从事贱业，不准参加科举，不准做官；普通人家也不与他们联姻，甚至不屑与他们交往。为了传宗接代，他们有的甚至兄弟姐妹成婚。直到清朝雍正元年才明令取消此种不公平的待遇。当然，有些村庄为了娱神娱人和自娱，由村民自己排练搬演剧目情况是存在的。在"乐户"获得"解放"以后，这种情况应更普遍。位于太行山东麓的河北涉县、武安一带民间，从山西学来赛戏，在春节元宵或庙会期间演出并传承下来，是很现实的事情。所以这一带没有关于乐户的传说，但直到20世纪50年代初，民间鼓吹艺人被称为"王八敲鼓鳖筛锣"的现象却是存在的。固义村赛戏的报赛对象是玉皇大帝、风雨龙神、虫蝻王、白眉三朗等多家神灵。赛戏一般只在本村祭祀时演出，不出村搞营业性和献艺性演出。固义村自从1987年首次恢复演出以来至2003年元宵节，恢复并在村中戏台上演出的赛戏剧目有《虎牢关》、《讨荆州》和《长坂坡》三出。

《虎牢关》的前半部是关羽温酒斩华雄，后半部是刘、关、张三战吕布。《讨荆州》的内容是：东吴派鲁肃向刘备讨取荆州，诸葛亮献计让刘备借下荆州，待有立足之地时再归还。周瑜见鲁肃中了诸葛亮的计谋，于是乘刘备嫡妻甘夫人去世之机，向孙权献计，以孙权胞妹孙尚香与刘备联姻。孙权采纳，派鲁肃前去提亲并请刘备到东吴相亲。诸葛亮周密计划后，送刘备前往东吴。刘备到东吴后，吴国太非常满意，又得到乔国老和鲁肃的帮助，相亲之中虽然暗伏杀机，

赛戏角色

赛戏角色

赛戏《长坂坡》

 武安傩戏

终究没有超出诸葛亮的神机妙算，刘备等脱险而归。

《长坂坡》演的是曹操攻取荆州，刘备败走，眷属在乱军中失散，赵云屡次闯入敌阵，救出简雍、糜竺、甘夫人等，最后与糜夫人相遇。糜夫人将阿斗交与赵云后投井身死，赵云抱婴力战，终于脱险。

赛戏的唱词以7字句为主，也有少量8字句。7字句中二二三句式较多，如"金阶玉路色色新"

赛戏《长坂坡》

等。唱词大都押韵，另外还有对白和念白。赛戏的唱腔比脸戏中长（掌）竹的吟唱复杂，但大都失传。现在恢复演出的几出戏，唱腔也属于吟唱型，句子收尾时有时带"格"音。

赛戏演出时角色边舞蹈边吟唱，对白或念白时动作幅度较小。赛戏演出时只有打击乐器伴奏，没有管弦乐器。打击乐器共四件，即大鼓、小鼓、堂锣和镲子。

演员演出时均着戏装，勾画脸谱，不带面具。过去该村有过村办武安平调落子戏班，不少演员还健在，因此化妆、勾画脸谱和恢复演出都比较容易。赛戏角色的扮演者也是父传子承，世代相传。赛戏演出场所是村中戏台。

固义村民称赛戏剧本为"都本"，实应为"读本"，村上现存读本17部。其中《讨荆州》读本用麻头纸，高25厘米，宽22厘米，右边用棉绳装订。左边顶头靠边书写"光绪三十三年新正月誊"字样。右边靠装订棉绳处在下边竖写"西大社"字样。内文竖行抄写，自

赛戏角色

右向左念。双页，第1页共14行，每行22个字。前半部字迹工整，后半部字迹潦草。17部剧本中除一部看不出剧目名称外，另外16部共抄赛戏11出（其中重复3出；另有一本抄戏2出）。它们是：

《伯王戏本》封皮上写"道光十四年（公元1834年）二月内重抄"；"伯"应为"霸"；

《幽州都本》，光绪元年（1875年）抄本；

《幽州全部》，民国十二年（1923年）抄本；

《战船》，光绪元年（1875年）抄本和民国十二年（1923年）抄本；

《屺城大会总》，光绪二年（1876年）抄本和民国十二年（1923年）抄本；

《衣带诏》，光绪十四年（1888年）抄本和民国二十四年（1935年）抄本；

《巴州》、《虎牢关》，合在一本中，为民国十二年（1923年）抄本；

《长坂坡》，民国十四年（1925年）五月吉日誊本；

《西（细）柳英（营）》都本，民国十二年（1923年）抄本；

《封官拜帅》，民国十三年（1924年）抄本。

《讨荆州》，光绪三十三年（1907年）新正月誊；

固义村赛戏都本

都本内文

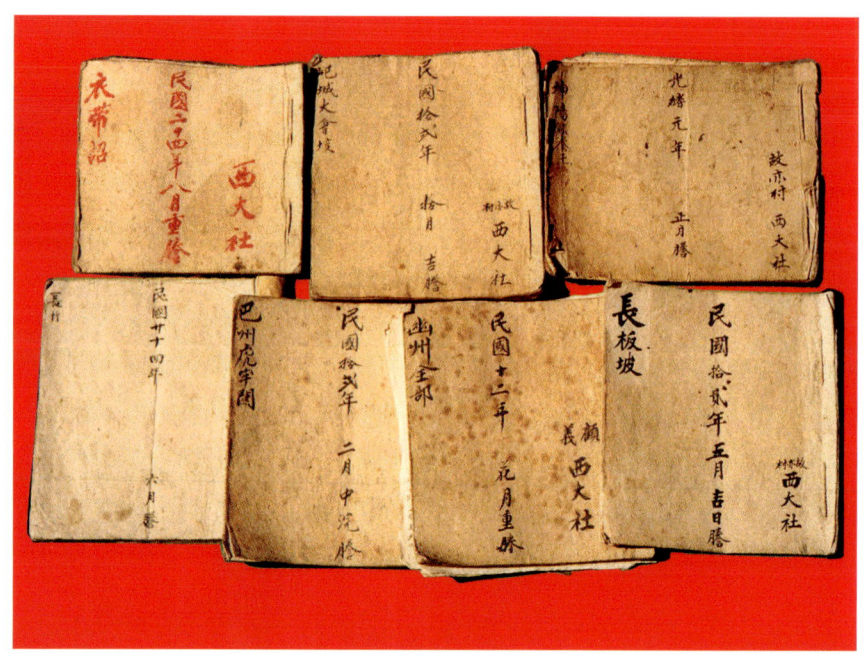

固义村赛戏都本

最早的抄本是清道光十四年的（1834年），距今一百七十六年；最晚的距今七十五年（民国二十四年，即1935年）。

抄本字迹大都清楚工整，书法有一定功力。抄本中别字较多，比如将虎牢关的"牢"字写成"劳"；把《三国演义》中袁绍的部将颜良写成"袁梁"；把华雄写成"华熊"；华容道写成"华戎道"等。

上述诸册剧本现存李起来家。李起来去世后，由其子李长生保存。

武安傩戏
WU'ANNUOXI

武安傩戏在我国傩戏中的地位和主要的恢复、传承人

武安傩戏与7300年前的"磁山文化"一脉相承，是古老的黄河文化的重要遗存，是仪式戏剧的"活化石"，其中"捉黄鬼"的表演形式，引起了国内外专家学者的极大关注，改变了以往"中原地区无傩戏"的观点。

武安傩戏

傩戏表演

演出场景

演出场景

等候

一 武安傩戏在我国傩戏中的地位

武安傩戏最初是以面具戏为主，逐步发展为面具戏、赛戏、队戏等十余种形式。近二十多年来，武安市冶陶镇固义村恢复演出的傩戏《捉黄鬼》，以其恢宏的气势，神秘的色彩，丰富的内容，产生了很大的影响，引起了国内外专家学者的极大关注，改变了以往"中原地区无傩戏"的断言。它既是古老的黄河文化的重要遗存，又是仪式戏剧的"活化石"，成为研究农耕社会文明史、民俗文化史不可多得的宝贵资料。表现了村民驱除鬼祟，祈盼村落平安、人畜两旺的美好愿望。

武安傩戏演出以《捉黄鬼》为主，配合其演出的有戏队（包括脸戏即面具戏）、赛戏，以及花车、旱船、龙灯、狮子舞、武术、霸王鞭、彩帏、秧歌等民间花会节目，是驱鬼逐疫的傩戏和迎神祭祀、报赛神灵的赛戏以及民间花会节目的复合体，直接参加演出的有600多人，连同辅助人员，总数不下千人，内容丰富，规模宏大，热烈火暴，震撼人心。其阵容、规模具备黄河流域傩戏文化的基本特征，是全国各地傩戏形态中独有的一家。

《捉黄鬼》是一出街头队戏，角色有阎罗王、判官、大鬼、二鬼、跳鬼和被捉的对象黄鬼。黄鬼既是洪涝、干旱、虫灾、疫病等灾疫的人格形象，又是人间忤逆不孝、欺负弱小等邪恶势力的象征。通过对黄鬼的极刑处置和上述迎神祭祀仪式，反映出该村村民的泛神信仰和鬼魂观

竹马

捉黄鬼

审黄鬼

念，表现了村民驱鬼逐疫、报赛神灵，战胜自然灾异，祈盼风调雨顺，五谷丰登，人畜平安，世道安宁的美好愿望和生命意识，以及对村民进行尊老爱幼等伦理教化的演出目的。该剧吟唱词也教诲人们孝敬生尔养尔的父母，否则必将受到严刑处置。这可以看做是傩仪在流传过程中的变异，是后世傩文化在各地的滥觞。在高度重视孝悌教化的中国封建社会里，人们把忤逆不孝者比作黄鬼予以处置，以此警示世人，也是符合世情的。正月十五日中午，处置黄鬼以后，演出队伍回村街庆贺，走到东阁下香纸桌前时，长（掌）竹有段唱词："元宵佳节喜迎春，妆文扮武逐灾瘟。扬盾执戈行傩礼，五谷丰登贺太平。"充分说明了村民演出和祭祀的目的及其傩戏文化实质。

武安社火傩戏积淀了中国社火戏剧发生发展过程中的几个形态：街头哑剧形态；长（掌）竹吟诵唱词，角色只舞不唱形态；长（掌）竹吟诵唱词，角色既舞且有少量唱词形态；长（掌）竹消失，完全由角色演唱的代言体形态。因此，它是研究中国仪式戏剧发生和发展的重要实证资料。其中的特殊角色长（掌）竹及其所持戏竹，更是中国宋金杂剧中的引戏人"竹竿子"在当今的遗存，堪称宋金杂剧的活化石。

1995年元宵节固义村演出大型社火傩戏《捉黄鬼》时，中国傩戏学研究会会长曲六乙先生、中央民族大学教授陶立璠、联合国教科文组织驻北京办事处项目专员吉田治郎兵卫先生和韩国学者姜春爱小姐等国内外傩戏傩文化专家和民俗文化专家学者30多人，专程前往固义村考察，并给予了高度的评价。曲六乙先生说：固义傩戏《捉黄鬼》是我十几年来所见到的傩戏中内容最丰富、最激动人心的一次，具有黄河流域傩文化的鲜明特点，有深厚的历史意蕴和很高的研究价值，很值得在这里召开一次国际性的观摩和学术研讨活动。陶立璠教授指出：《捉黄鬼》演出场面宏大，气氛热烈，令人惊心动魄。吉田治郎兵

玉皇大帝神棚前的长（掌）竹

1995年观摩武安傩戏后举行座谈

卫先生指出：固义的傩文化不仅是固义人的骄傲，也是中国文化的骄傲；这一传统文化现象，能延续流传至今，这是固义村村民对文化的一种贡献。它不仅是中国的，也是世界的一笔宝贵的文化遗产……

国家级非物质文化遗产证书

目前，武安傩戏已引起国内外专家学者的极大关注，1998年2月，中国艺术研究院宗教戏剧中心、中国傩戏学研究会、河北省文化厅、河北省文联和武安市政府等在武安举办了亚洲民间戏剧民俗艺术观摩暨学术研讨会。2006年5月20日，武安傩戏经国务院批准列入首批国家级非物质文化遗产保护名录。

1998年亚洲民间戏剧民俗艺术观摩暨学术研讨会上国内外专家观摩武安傩戏演出

二 武安傩戏的主要恢复、传承人

武安傩戏从最初的面具戏,逐步发展为傩戏、赛戏、队戏等十余种形式。但新中国成立以后曾一度中断演出,直到20世纪80年代,改革开放了,农民的收入大幅度提高,人们的观念得到了解放,村里人才开始酝酿恢复傩戏。这一时期西大社的丁德玉、李起来、李正年、丁石全、李增旺等,南王户的王化南,东王户的王社成,刘庄户的刘魁昌等,为恢复和传承本村古老的傩戏辛勤工作了几十年,受到本庄户和全村民众的敬重。

丁德玉(1929~1998年),原武安市冶陶镇中心学校校长,离休回村后,他觉得本村过去演出的《捉黄鬼》热闹红火,能教育人,便和退休干部丁石全、老社首户李起来、李正年等人商量,于1987年元宵节期间恢复了停演20多年的《捉黄鬼》。丁德玉本人虽然不是过去演出的社首,却是

丁德玉、李起来、丁石全、李增旺(自右至左)

恢复傩戏演出的主要发起人之一，为武安傩文化国际观摩与学术研讨会的召开和武安傩戏演出的提高做出了突出的贡献。

李起来（1913~1992年），是西大社的传统社首户，又是祖传下来的长（掌）竹扮演户，平时负责保管队戏、赛戏都本。虽不识字，但凭着对家乡傩戏的深厚感情，他竟背会了长（掌）竹的所有吟唱词。1987年首次恢复演出后，他先后把扮演长（掌）竹的重任传给了嫡孙、侄孙，充分显示出李家对傩戏演出的重视。

李正年（1917~1993年），旧社会时下关东开中药铺，于建国后一个人回到固义村。李正年家是祖传下来的社首户，并且扮演探马。他也是恢复傩戏演出的热心人，为恢复家乡傩戏费了很多心血。

丁石全（1938~2006年），原武安西石门铁矿管理人员，退休后回到村里，和丁德玉一起找旧时的社首户商量，共同发起了傩戏的恢复工作。在恢复傩戏中他主要从事导演工作，除了排练节目，他还跑武安，赴邯郸，采购戏装道具等，费尽了辛苦。2005年10月，中央电视台举办魅力乡镇评选活动，武安市磁山镇有幸参加，固义村傩戏节目《吊黑虎》被邀请前去为磁山镇助演，丁石全作为导演走进了中央电视台。

李增旺 1950年出生。他接替本族爷爷李正年的班，从1985年起至今，一直是西大社的社首。1995年演出时，他主持请龙王仪式，正月十六日早晨祭虫蝻王仪式和祭冰雨龙王仪式，认真专注，十分成功。每次演出，西大社任务最重，队戏、赛戏的排练与演出，文武职事，搭扎玉皇神棚、阎罗

李增旺　　　　李增旺的国家级非物质文化遗产项目武安傩戏代表性传承人证书

武安傩戏

王台、曹官台和斩鬼台等都由西大社承担,需要早日动手,长时间准备。李增旺与他的同事们一起,每次都是费尽辛苦,圆满完成。2007年,他被文化部评为武安傩戏项目的国家级代表性传承人。

刘二计 1949年出生。从小受家庭的影响,特别喜欢傩戏。1985年,拜本村村民李大旺为师,学习演出技艺,从此迷上了这门技艺,并在以后的历次傩戏演出中扮演二鬼角色。他对角色的把握恰到好处,十分到位,赢得了观众的交口称赞。如今刘二计已到花甲之年,他把扮演二鬼角色的要领、动作、姿势等传给他的侄子刘永强,使这门技艺得到了传承。

李天来 1954年出生,1970年6月初中毕业后一直在本村务农。他从小就受家庭影响,在父亲李秉方的指导下技艺渐进,1995年接替父亲开始在傩戏中扮演跳鬼角色。李天来从艺以来,每次大型傩戏演出活动,他都积极参与,做了大量有利于傩戏保护和传承的工作,使该村的傩戏演出活动得到了进一步发展。

李有旺 1964年出生,1980年6月初中毕业后一直在本村务农,他从小

跳鬼-李天来(右)和二鬼-刘二计(左)

李有旺扮演的大鬼

受家庭熏陶和影响，得其父亲真传，傩艺演出技艺日趋成熟，一招一式，熟记于心，一举一动，准确到位。在历次傩戏演出中担任大鬼角色。他和二鬼刘二计的表演配合得非常默契，扮演的角色威风神武，增强了演出的神秘感和感染力。李有旺现在已把大鬼的演出技艺，传给了他的儿子李维，演出时，李有旺和儿子李维互相替换演出，减少了表演活动强度，为确保演出的圆满成功提供了必要的保证。

李延军 1966年出生，他从小受家庭的熏陶，喜爱傩戏，一有时间就向父亲李永庆请教，深得其父亲的真传，1995年开始扮演阎王角色，对阎王角色的理解和把握恰到好处，表演得惟妙惟肖，入骨三分，深受观众的喜爱和好评。

刘二计、李天来、李有旺和李延军，先后参加了中央电视台"中国魅力名镇"、电视剧《我爱中国》（主要介绍武安傩戏）及台湾三立电视台到武安拍傩戏专题片等演出；并于2008年6月被河北省文化厅评为省级非物质文化遗

李延军扮演的阎罗王

产项目代表性传承人。

王化南 1924年出生，中师文化程度，1942年开始在村中学艺。1987年以来，一直是南王户的导演。因年事已高，近年来他已经培养出本庄户的接班人。

王社成 1932年出生，1952年开始学艺，曾任民办教师，1987年以来，多年担任东王户的导演。

刘魁昌 1933年出生，1954年开始学艺，退休人员，1987年以来，一直是刘庄户的导演。

王化南（右）、王社成（中）、刘魁昌

三 武安傩戏传承保护大事记

1987年元宵节初次恢复傩戏演出，至1992年前一直是在秘密和自发的状态下进行，不愿意让媒体和外人知晓。

1992年元宵节演出时，邯郸市群艺馆郑喧和本馆一位摄影工作者王运良，市里一位摄像人员到固义村观摩，并拍摄资料，可以说是初次正式让村外人观看。

1994年在云南省玉溪地区召开傩戏傩文化国际研讨会，郑喧向会议提交了文章《固义大型傩戏〈捉黄鬼〉考述》。

北京《民间文学论坛》1994年第三期发表了郑喧的文章《冀南武安大型傩戏〈捉黄鬼〉述略》。

北京《民俗》杂志1994第1期发表了郑喧的《长（掌）竹——宋金杂剧"竹竿子"在当今的遗存》。

1995年，观摩武安傩戏后进行研讨

1995年元宵节，在武安市委、武安市文化局的大力支持下，邀请30多名国内外傩文化专家学者前往固义村观摩考察，河北省艺术研究所的人员也前往摄像。联合国教科文组织驻北京办事处项目专员吉田治郎兵卫，韩国留学生姜春爱是初次走进固义村的外国学者。

1994、1995年，郑喧在《河北日报》、河北《群苑艺友》、《河北学刊》增刊、《邯郸教育学院学报》等报刊发表介绍固义傩戏的文章和照片。

1996年在北京中央民族大学召开东亚民俗学术研讨会，郑喧提交并宣读了文章《燕赵傩文化略影》，此文被收入会议论文集《东亚民俗研究》一书，并发表在同年第3期《民俗》杂志上。

1996年郑喧在《中华戏曲》总18期发表《固义大型傩戏〈捉黄鬼〉考述》一文和照片一组。

1997年5月，在石家庄举办东方戏剧展暨国际学术研讨会，中国、日本、印度、美国、新加坡等国戏剧演出团体和学者出席会议，进行观摩演出和学术交流。郑喧与会并提交宣读了论文《武安傩戏——中国社火戏剧活化石》。河北省艺术研究所摄制的《武安傩戏》资料片在会上播映，供观摩研讨。会后，巴蜀书社出版了《东方戏剧论文集》，刊登了河北省艺术研究所专家张松岩，邯郸市郑喧的文章摘要。

1997年，中央民族大学民俗学教授陶立璠在日本名古屋大学交流期间，撰写并刊印介绍固义傩戏的文章一篇和照片一组。

1998年元宵节期间，亚洲民间戏剧民俗艺术观摩暨学术研讨会在武安

2009年，李增旺（中）与复旦大学教授范丽珠（右）、美国学者赵文词。

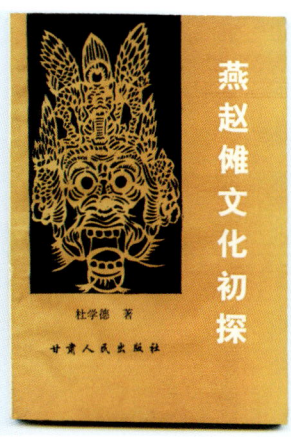

1998年元宵节期间,参加亚洲民间戏剧民俗艺术观摩暨学术研讨会的代表观摩武安傩戏演出　　《燕赵傩文化初探》

市召开,韩国、日本、德国、美国、越南和中国的专家学者近百人出席会议,参加观摩和研讨。中央电视台海外部与会摄像,会后向海外播映会议情况。

1998年杜学德著《燕赵傩文化初探》,由甘肃人民出版社出版。

1999年郑喧在《中华戏曲》总第21期发表《固义大型傩戏〈捉黄鬼〉中的长(掌)竹》一文和照片一组。1999年,由麻国钧、杨荣国和郑喧共同主编的《祭礼·傩俗与民间戏剧》由中国戏剧出版社出版,这是1998年亚洲民间戏剧民俗艺术观摩暨学术研讨会大型论文集。

2000年,郑喧在台湾《民俗曲艺》总第125期上发表《河北省武安市固义村的祭祀仪式与队戏赛戏演出》一文和照片一组。

2001年,郑喧在《中国文化报》河北专刊上发表介绍固义傩戏的文章。

2003年春天,河北省影视家协会和河北电视台,在武安市和固义村合作拍摄电视专题艺术片《家乡的傩戏》。此片后来荣获第十届河北文艺振兴奖。

2004年台湾三立电视台前来固义村拍摄队戏剧目《吊掠马》、《点鬼兵》、《吊黑虎》、《十棒鼓》四出。

2004年,郑喧在河北社会科学院刊物《燕赵文化》上发表介绍固义傩戏的文章和照片一组。

2005年10月,中央电视台举行全国魅力乡镇评选活动,武安市磁山镇有幸参加,和甘肃省某县朗木寺镇分在一组。固义村应磁山镇之邀,派出队戏剧目《吊黑虎》前往北京助演。固义队戏走进了中央电视台。

脸戏《调掠马》剧照

2005年，由杨英芹、李怀顺和郑喧合编的《邯郸民俗活动辑录》得到国外文化基金的赞助，由天津古籍出版社出版，书中收有郑喧的《武安市固义村的社火傩戏〈捉黄鬼〉》一文。

2006年6月上中旬，武安固义傩戏面具一组分别参加在邯郸市博物馆举办的"中原十三市民间工艺展"，在省会石家庄市河北省博物馆举办的"河北省首届非物质文化遗产保护成果展览"。

2006年6月上旬，固义傩戏同时入选《河北省首批非物质文化遗产保护名录》和《文化部首批国家级非物质文化遗产保护名录》，成为受省和国家保护的非物质文化遗产项目。

2007年6月李增旺被文化部评为"武安傩戏"国家级代表性传承人。

2008年5月文化部专家乌丙安等亲临固义村看望李增旺。

2008年6月，刘二计、李天来、李有旺、李延军四人被河北省文化厅评为省级非物质文化遗产保护项目代表性传承人。

2009年3月复旦大学社会发展与公共政策学院副院长、社会学教授范丽珠和美国学者赵文词到固义村考察，并对武安傩戏给予了高度评价。

武安傩戏演出中的探马开道

武安傩戏面具参加河北省首届非物质文化遗产保护成果展

 武安傩戏

2008年5月乌丙安（前左2）等文化部专家与李增旺合影

日本大阪外国语学院硕士研究生郭鸿（中国陕西）在固义村考察傩戏

附录一　正月十五日武安市固义村傩戏演出路线图

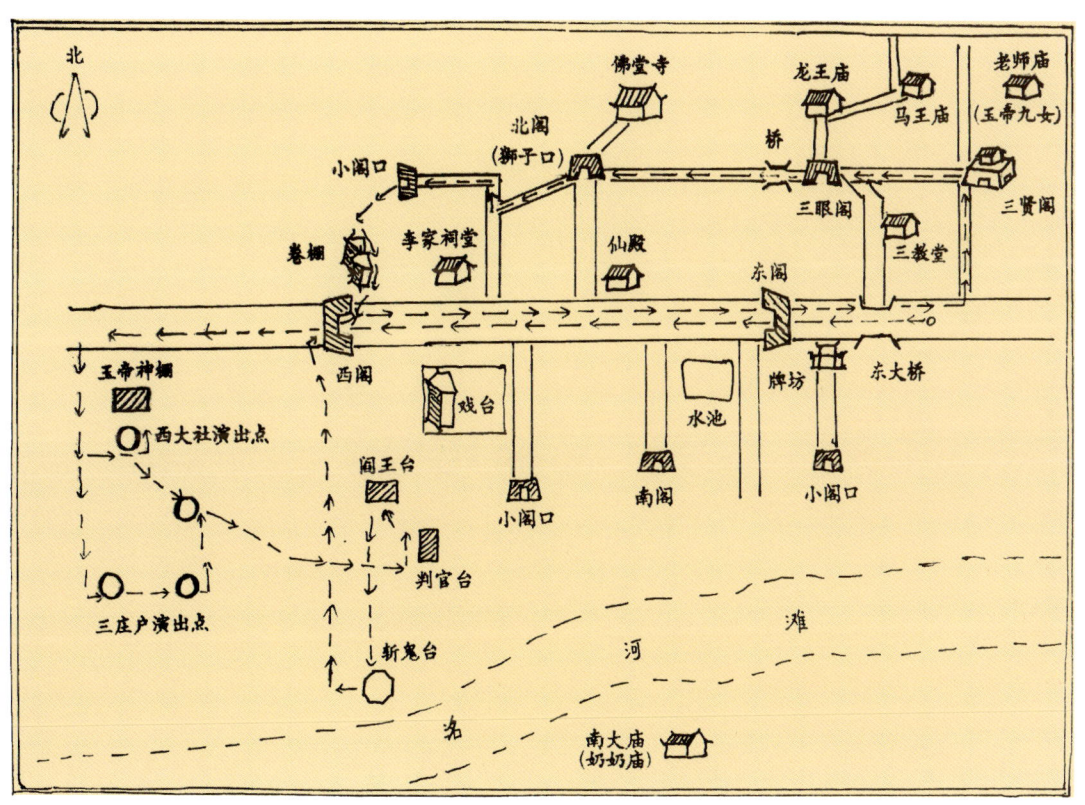

武安市固义村傩戏演出路线图

附录二　武安傩戏中尚未恢复的祭祀和演出节目

武安傩戏由于停演年限过久，技艺失传，同时由于时间仓促，经济力量和人力限制等原因，固义村祭祀仪式和演出节目中有些没有恢复起来。如：

1. 仙殿神棚和蜜供
2. 演出节目《随歌庆年》
3. 《幽州全部》、《战船》、《圯城大会总》、《衣带诏》、《封官拜帅》、《巴州》、《西（细）柳英（营）》等赛戏剧目。

附录三　武安市白府村傩仪《拉死鬼》

地处太行山东麓的武安市是中国北方傩文化重要保存地。继发现大型社火傩戏《捉黄鬼》之后，又于1995年调查得知武安市北部乡村保存着乡间傩仪《拉死鬼》。武安市北部乡村的村民在过春节时有请家神（已经去世的父母等祖人的灵魂）回家过年的习俗。过完元宵节，要送他们回阴间。此时，村民怕那些没人祭奠的野鬼（即死鬼），滞留在村中作乱，给村民和牲畜带来病祸与灾异，于是便在每年的正月十七日晚上，用《拉死鬼》仪式来驱除这些野鬼。

白府村是个中等村庄，地处丘陵地带，夜色中但见高高低低各处都是火光，噼里啪啦的鞭炮声此起彼伏。进了村子，借着火光看见村街

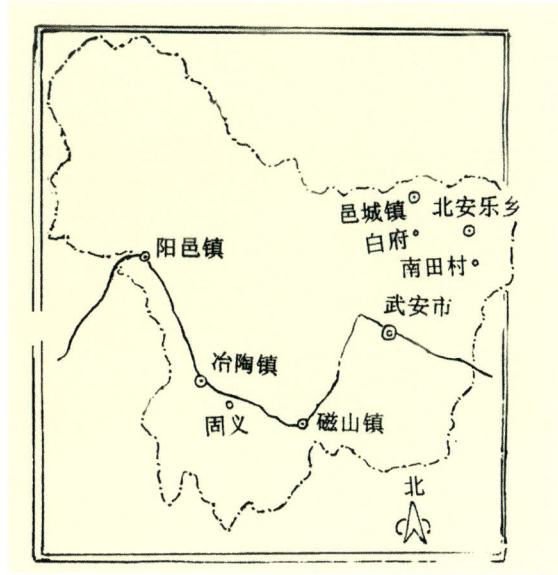

固义白府村的位置示意图

上到处都是人。《拉死鬼》仪式早已经在晚饭后开始了，现在正逐条大街小巷地进行呢。只见人群里，火光中，不少村民和少年高举着挂在桑叉上的各式灯笼，这是表演队伍的前导——灯笼队。灯笼下的锣鼓班和唢呐手，正紧锣密鼓地敲打吹奏。接着是一个七品芝麻官模样的角色，坐在太师椅

傩仪《拉死鬼》

武安傩戏

路神

上，椅子两侧绑着两根长木杆，由四个村民抬着，他是主持和监督拉死鬼的城隍爷。

　　正在这时，北边过道（胡同）里的鞭炮声响得更紧了，说话间，跑过来3个角色，中间的一个戴着3尺高的白色尖顶纸帽子，脸部涂白，嘴部和下巴涂成红色，表示吐着长舌头，身穿白色有绿边的长衫子。这就是死鬼——无家可归，没人祭奠的野鬼。他被十字大绑，身前身后有两个鬼差牵着绳索，押着他从各家门前跑过。两个鬼差也是白脸红唇，穿着衙役坎肩，头戴白帽子。因为死鬼是被驱除和处置的晦气角色，所以经过哪家门口，哪家的主人都要把火堆点得更旺，同时燃放一挂鞭炮，以示驱赶死鬼和焚烧驱除邪祟。死鬼跑过以后，最后过来的是丈余高的路神。他是由一个村民高举着人形木架子，画着红色脸谱，戴着包公式的乌纱帽，罩上特长的红色官袍装扮而成的。扮演路神的村民从官袍胸部体现官员品阶的补子处看路。路神在几个高举灯笼的村民陪同下缓慢地走过每条大街小巷。其职责是在死鬼被拉过以后，再次驱除各处的邪祟，达到彻底净街的目的。扮演死鬼的人在晚饭后到村外东北角的武家坟岗处化好妆，在两个手持柳棍的村民的引领下来到村边。这时，从村委会大院走出来的灯笼队、锣鼓班、唢呐手、城隍爷和鬼差都已经在村边等候。死鬼在鬼差押解下，开始逐条街巷地奔走,最后跑到村东南角的空地上。这里有座用芝麻秆、柏树枝、野蒿、干草等堆成的蒿里山,即所有亡灵的归宿之地。蒿里山上挂满各家给其亡故的长辈送的纸钱褡子(用纸糊成),上面写着亡人的姓名,意思是请他们收这些纸钱。城隍爷和鬼差押着死鬼来到蒿里山近处,停下来,开始审问死鬼给村子造下过什么祸害和罪孽。死鬼供认罪孽后,城隍爷宣判说:"罪大恶极,判处死刑!"两个鬼差即押着死鬼跑向蒿里山,绕着火堆转三圈,然后把死鬼的高帽子拽下,投向火堆,随后迅速隐去,即算把死鬼处置了。此时,周围鞭炮声、三眼铳声此起彼伏,震耳欲聋;火堆四周、崖头路边的人们一片欢呼,给人以庄严肃穆、惊心动魄之感。《拉死鬼》仪式至此结束。

据村中老人讲,本村举行《拉死鬼》仪式的年载久了,但究竟起自何时,很难说清楚。一般来说,该村每年正月十七晚上都要举行《拉死鬼》仪式,即使是在"文革"十年中,也没有停止过,只是把名称改成了《拉走资派》。老人们说,以前有过一、二年的元宵节没举行拉死鬼仪式,到了春天农忙时,村里的大小牲畜都得了灾疫,死去的不少,影响了耕田种地。老人们认为,这是正月没有拉死鬼所致,以后再也不敢停了。说明在农耕社会里,农民们对牲畜健全的重视程度。过年请家神(家鬼)回家过年,年后送回阴间,还要驱赶无家可归、没人祭祀的野鬼,这无疑是鬼魂崇拜意识在人们思想中存在的表现。善待家鬼,驱赶野鬼,体现了村民们的善鬼恶鬼观念,同时也表现出人们避凶趋吉的美好愿望。

本村村民一般不扮演死鬼和鬼差。他们认为扮演这些角色,特别是死鬼晦气,对本人和家庭不吉利。所以过去都是找要饭花子,或者在吸大烟闹得倾家荡产的"大烟鬼"中找人扮演。演完后给他们点干粮或粮食糊口。如今扮演这三个角色的是在本村小煤窑打工的外地人。据说共付给他们300多元的报酬。扮演死鬼者只能从各条大街小巷跑跳过,不得进入村民家中,认为进家对主人全家不吉利。

另据村民讲,白府村附近的得意村过去也有拉死鬼之举,由于找不到扮演死鬼的人,便用草把子绑成死鬼,穿衣戴帽画脸谱后,由人举着在村中奔走,以后相沿成习。如今在得意村这种事项早已成了历史。

参考书目

1. 宗力、刘群编著：《中国民间诸神》，河北人民出版社，1986年。
2. 顾朴光著：《中国面具史》，贵州民族出版社，1996年。
3. 白庚胜主编，顾朴光著：《面具》，中国文联出版社，2009年。
4. 皇甫正庆撰文：《贵州傩面具艺术》，上海人民美术出版社，1993年。
5. 张彤、耿默著：《中国民间吉祥艺术博览》，辽宁美术出版社，1998年。
6. 陈逸民著：《面具》，上海人民美术出版社，1998年。
7. 刘炜主编：《中华文明传真》，上海辞书出版社，2001年。

后 记

　　武安傩戏是古老的黄河文化的重要遗存，是仪式戏剧的"活化石"，它的发现改变了以往专家们"长江以北（中原地区）无傩戏"的观点，并于2006年经国务院批准列入首批国家级非物质文化遗产保护名录。此次，武安傩戏有幸纳入"河北民俗文化丛书"，仰赖于河北省文物局、河北省民俗博物馆领导和专家对此选题的极大关注和重视。同时，河北省民俗博物馆专家对拙稿文字做了概括性总结和理论提升，使书稿水平大大提高。他们与出版社同志精心设计、编排，使本书图文并茂，异彩纷呈，对于他们的辛勤劳动和创作，表示诚挚的感谢！

　　为了在整个中国傩文化背景下展示武安傩戏文化，我们选用了兄弟省市部分傩戏项目的资料和图片，以便于对比观察和研究。本书中引用了有关学者傩文化专著中的论述和图片，在注明出处的同时，我依然怀着感激之情，对同仁们表示深深的谢意！

　　本书图片除编者拍摄外，河北画报社赵智敏、河北省民俗摄影协会、河北省非物质文化遗产保护中心杜云生、石家庄市林兵、云南博物馆邢毅、安徽池州文物局吴先耀、广西壮族自治区博物馆林峰、武安市文化馆、邯郸市李向明、王运良、王林菲、杜宏宾等同志提供的图片更使本书熠熠生辉，在此一并表示深深的谢意！

　　本书中浅陋和欠妥之处在所难免，敬请有关领导、专家、同行不吝指正！

编　者